AF460165

NOTICE

SUR LE

TUBE D'INVERSION

OU

LA MACHINE LOCOMOTIVE

TRANSFORMÉE EN GÉNÉRATEUR DE CHALEUR

POUR PRODUIRE L'ARRÊT DES TRAINS

PAR

M. RICOUR,

INGÉNIEUR DES PONTS ET CHAUSSÉES,

AVEC

UNE INTRODUCTION ET UN APPENDICE

EN RÉPONSE AU MÉMOIRE

DE M. LE CHATELIER,

INGÉNIEUR EN CHEF DES MINES.

PARIS

DUNOD, ÉDITEUR,

SUCCESSEUR DE V^{or} DALMONT,

Précédemment Carilian-Gœury et Victor Dalmont,

LIBRAIRE DES CORPS IMPÉRIAUX DES PONTS ET CHAUSSÉES ET DES MINES

Quai des Augustins, n° 49.

1869

NOTICE

SUR

LE TUBE D'INVERSION

OU

LA MACHINE LOCOMOTIVE

TRANSFORMÉE EN GÉNÉRATEUR DE CHALEUR

POUR PRODUIRE L'ARRÊT DES TRAINS

AVEC

UNE INTRODUCTION ET UN APPENDICE

EN RÉPONSE AU MÉMOIRE

DE M. LE CHATELIER,

INGÉNIEUR EN CHEF DES MINES.

Paris. — Imprimerie de Cusset et Cᵉ, rue R[illegible], 2[illegible]

NOTICE

SUR LE

TUBE D'INVERSION

OU

LA MACHINE LOCOMOTIVE

TRANSFORMÉE EN GÉNÉRATEUR DE CHALEUR

POUR PRODUIRE L'ARRÊT DES TRAINS

PAR

M. RICOUR,

INGÉNIEUR DES PONTS ET CHAUSSÉES,

AVEC

UNE INTRODUCTION ET UN APPENDICE

EN RÉPONSE AU MÉMOIRE

DE M. LE CHATELIER,

INGÉNIEUR EN CHEF DES MINES.

PARIS

DUNOD, ÉDITEUR,

SUCCESSEUR DE Vve DALMONT,

Précédemment Carilian-Gœury et Victor Dalmont,

LIBRAIRE DES CORPS IMPÉRIAUX DES PONTS ET CHAUSSÉES ET DES MINES

Quai des Augustins, n° 49.

1869

INTRODUCTION

A LA NOTICE

SUR

LE TUBE D'INVERSION

PUBLIÉE

DANS LES ANNALES DES PONTS ET CHAUSSÉES (MARS 1869)

I. — EXPOSÉ.

Deux mots pour expliquer au lecteur ce que signifie l'insertion aux *Annales* d'une correspondance sans commentaires à la suite d'un mémoire descriptif.

Une réclamation de priorité de M. Le Chatelier, ingénieur en chef des mines, a provoqué une décision de la commission des *Annales* portant que M. Le Chatelier et M. Ricour seraient autorisés à mettre sous les yeux des ingénieurs toutes les pièces utiles pour éclairer la discussion, mais *sans les accompagner d'aucune* POLÉMIQUE.

Décision de la commission des Annales.

Pendant que ces documents étaient encore sous presse, M. Le Chatelier faisait imprimer une brochure destinée à préparer les esprits à la lecture de ces pièces authentiques.

Brochure de M. Le Chatelier.

Cette préparation était-elle donc si nécessaire (*) ?

(*) M. Le Chatelier motive dans les termes suivants les interprétations de ses deux lettres du 19 septembre 1865 et du 21 février 1866 développées dans sa brochure : « Ces détails sont

II. — Analyse des documents publiés sous le contrôle de la Commission des Annales.

Deux phases distinctes séparent nettement les expériences :

La première se rapporte à l'emploi de l'appareil de Bergue simplifié, qui portait pendant les essais le nom de M. Le Chatelier.

La seconde est relative à l'idée et à la mise en pratique du *tube d'inversion*.

M. Le Chatelier a toute l'initiative de la première phase. Quelle part lui revient dans la seconde? Le lecteur jugera.

§ I. — Première phase.

Appareil de M. Le Chatelier (*système de* Bergue *simplifié*).

Commencement et fin de la première phase.

Le programme du 28 juillet 1865 est le point de départ des essais. Le dernier mot de M. Le Chatelier dans la première phase est du 21 février 1866; son programme du 28 juillet 1865 est alors rempli (*).

Malgré l'excès de dépense de vapeur qui lui est signalé, malgré l'insuffisance du réservoir d'air comprimé, qui lui est signalée aussi, M. Le Chatelier croit que l'application de son appareil doit être faite. Mais quel est donc cet appareil? Il est décrit une première fois dans le programme du

---

d'autant plus nécessaires qu'il paraîtra dans les Annales des ponts et chaussées, *en même temps que ce mémoire sera publié*, un nouveau mémoire de M. Ricour, accompagné d'une nouvelle annexe A, reproduisant des extraits de correspondance, *les uns fournis par moi, les autres fournis par M. Ricour, la nature même de ces documents, présentés à des points de vue différents, ne sera pas de nature à éclairer la question. J'ai dû y pourvoir pour mon compte.* (Voir page 186 de la brochure.)

(*) *Note importante.*— Pour que cette analyse ait toute la clarté possible, le lecteur est prié de se rappeler que nous citons par

28 juillet 1865, une seconde fois dans l'acte notarié dressé le 29 août 1865 (voir *fig. b*), une troisième fois dans la lettre du 14 septembre 1865 à laquelle M. Le Chatelier répond le 19 (voir *fig. c*), une quatrième fois dans la lettre du 17 février 1866 (voir *fig. d*) à laquelle M. Le Chatelier répond le 21 en conseillant finalement l'emploi de cet appareil qui ne saurait être mieux caractérisé que par le nom d'appareil de Bergue simplifié (voir *fig. a.*), bien qu'il ait toujours été désigné en Espagne sous le nom d'appareil de M. Le Chatelier.

§ II. — **Deuxième phase.**

Tube d'inversion.

La seconde phase commence à la lettre du 27 février 1866 dans laquelle M. Ricour annonce *la suppression de l'appareil de* M. Le Chatelier quatre fois décrit et donne l'indication sommaire de la nouvelle solution; elle se termine le 26 mars par la relation d'une expérience qui, depuis, a été répétée sur tous les chemins de fer en Europe. Commencement et fin de la deuxième phase.

En apprenant la suppression de son appareil, M. Le Chatelier cherche d'abord à bien comprendre la nouvelle solution. « *Si c'est en effet là la solution, je la trouve très-*

---

leurs dates, les lettres publiées dans les *Annales*. Les dates sont les suivantes pour la première phase :

1° 28 *juillet* 1865. La *fig. b* donne sous forme graphique le résumé de cette lettre de *M. Le Chatelier*.

2° 14 *septembre* 1865. La *fig. c* donne sous forme graphique le résumé de cette lettre de M. Ricour.

3° 19 *septembre* 1865. Réponse de M. Le Chatelier.

4° 17 *février* 1866. La *fig. d* donne sous forme graphique le résumé de cette lettre de M. Ricour.

5° 21 *février* 1866. Réponse de M. Le Chatelier. Le lecteur est prié d'avoir constamment sous les yeux *le texte bien complet* des deux lettres du 19 septembre et du 21 février, en se reportant aux pages 27 et 30 de la présente notice qui est la reproduction absolument littérale de la publication faite dans les *Annales* des Ponts et chaussées (mars 1869).

simple. — Je serai heureux de recevoir de M. Ricour *un mot d'explication précise qui confirme ce que je décris plus haut, si j'ai bien compris, ou qui me donne des explications détaillées de ce que* M. Ricour *veut faire, si je me suis mépris sur son intention, etc.* (*) »

Le 12 mars, M. Le Chatelier est préoccupé des mesures nécessaires pour empêcher des prises de brevet par des tiers en France ou ailleurs ; il demande un rapport et ajoute : « *Je prierai seulement* M. Ricour, *s'il me nomme à l'occasion du point de départ de ces essais, de le faire par mon nom seulement,* » *etc. Je ne sais pas si M. Ricour ne se trompe pas sur un détail quand il dit : le travail de la pesanteur sera utilisé pour combattre les diverses causes du refroidissement de la chaudière, etc.* (**).

Le 14 mars (***) M. Le Châtelier se déclare complétement renseigné sur la question. Enfin la lettre finale du 26 mars (****) de M. Ricour renferme toutes les données pratiques du problème, et donne la description complète du tube d'inversion, tel qu'il est appliqué aujourd'hui. Ce sont ces renseignements qui ont été communiqués par M. Le Chatelier aux ingénieurs des compagnies françaises, et qui ont servi de point de départ à leurs premiers essais. Toutes les expériences en France sont postérieures à celles de M. Ricour, non-seulement de quelques jours, mais de plusieurs mois.

Ainsi, la seconde phase des expériences, ouverte le 27 février 1866 *par la suppression de l'appareil de* M. Le Chatelier, était close et bien close le 26 mars 1866 *par l'application définitive du tube d'inversion.*

(*) Voir lettre du 5 mars, page 51.
(**) Voir lettre du 12 mars, page 54.
(***) Voir lettre du 14 mars, page 55.
(****) Voir lettre du 26 mars, page 57.

III. — Question de priorité.

Après ce résumé de la correspondance, qui suffit seule à mettre en lumière les droits de M. Le Chatelier à l'appareil de Bergue simplifié (première phase), et ceux de M. Ricour au tube d'inversion (deuxième phase), il faut cependant bien dire quelques mots de la question de priorité, telle qu'elle a été présentée récemment par M. Le Chatelier, non pour l'appareil de Bergue simplifié qu'il repousse, mais pour le *tube d'inversion* qu'il réclame tout entier, sans laisser à M. Ricour la plus petite part.

M. Le Chatelier réclame la priorité du tube d'inversion.

M. Le Chatelier explique lui-même, à la page 181 de son livre, comment après avoir reconnu comme nous venons de le faire, que l'initiative des expériences lui appartenait, que le point de départ des essais était l'appareil de Bergue, que ses instructions se rapportaient exclusivement à cet appareil, et que la solution basée sur la théorie mécanique de la chaleur était due à M. Ricour, comment après avoir reconnu et constaté tout cela verbalement et par écrit sous les formes les plus diverses, *il a fait un premier retour en arrière dans ses souvenirs*, et a découvert qu'il était lui-même, non-seulement l'initiateur des expériences, l'inventeur des simplifications de l'appareil de Bergue, mais bien l'auteur et l'inventeur du *tube d'inversion*.

Premier jugement de M. Le Chatelier sur cette priorité.

Le 5 mars, M. Le Chatelier venait de recevoir la lettre du 27 février de M. Ricour, ouvrant la deuxième phase des expériences par la suppression de l'appareil de M. Le Chatelier et l'annonce du tube d'inversion ; c'était dix jours auparavant, le 21 février, que M. Le Chatelier avait donné ses dernières instructions pour l'application de son appareil (Voir *fig. d*). Cela dit, citons textuellement la page 181 du livre de M. Le Chatelier :

« En répondant le 5 mars, je laisse partir avec ma si-

« gnature une lettre préparée par un tiers, qui me fait « attribuer à M. Ricour le mérite de cette combinaison que « j'avais fournie tout entière (*).

« La lettre du 8 mars dans laquelle M. Ricour me donne « des détails plus circonstanciés, ne dissipe pas mes illu- « sions à ce sujet, et, le 12 mars, j'écris une lettre, qui « *paraît avoir été rédigée sous la même influence* (**).

« Le lendemain, j'écris à Vienne au directeur général « de la Société autrichienne, pour l'engager à faire faire « des expériences, en lui disant que le point de départ a « été l'essai d'un frein à air comprimé, et que c'est M. Ri- « cour qui a eu l'heureuse idée de faire rentrer la vapeur « dans la chaudière, au lieu de la perdre dans l'atmo- « sphère. J'écris dans le même sens à M. Flachat, le 28 « mars, en le priant de faire une communication à la So- « ciété des ingénieurs civils. J'avais été mal servi par ma « mémoire, *dit M. Le Chatelier en* 1869, et je m'empres- « sais de rendre à M. Ricour un hommage que l'illusion « produite par sa correspondance me faisait considérer à « ce moment comme l'expression de la réalité. »

M. Le Chatelier laisse à M. Ricour une part égale à la sienne.

Le 1er *avril* 1866, M. Le Chatelier *uniquement guidé par ses souvenirs* (***), accorde encore à M. Ricour *le mérite d'avoir le premier tiré la conséquence naturelle des faits observés; mais*, ajoute-t-il, *sans chercher à mesurer la part de chacun, il me semble que la sienne n'a pas plus d'importance que la mienne.*

M. Le Chatelier ne réclame pour lui que la moitié du procédé.

Opinion plus accentuée de M. Le Chatelier.

Le 5 *mai* 1866, M. Le Chatelier assure qu'il avait donné,

(*) La photographie de cette lettre, jointe à un certain nombre d'exemplaires, met en lumière la part prise par le signataire à la rédaction.

(**) Cette lettre, qui confirme la précédente, est entièrement de la main de M. Le Chatelier.

(***) Voir page 183 de la brochure.

dès le 19 septembre (*), la solution complète du problème, *dont* M. Ricour *a discuté les données avec intelligence et sagacité.*

Le 24 octobre 1866 (**), M. Le Chatelier ne permet pas encore que son nom soit donné au système; il cherche à laisser *une certaine part, une part indéterminée à* M. Ricour.

M. Le Chatelier laisse à M. Ricour une part indéterminée.

Ce scrupule est levé en décembre 1866, époque à laquelle M. Le Chatelier a *conscience de la nouveauté et de l'importance des idées qu'il a produites, de la valeur des résultats qu'elles ont amenés* (***).

M. Le Chatelier donne son nom au système.

Aujourd'hui, M. Le Chatelier n'hésite pas à contester à M. Ricour, *dans la création du nouveau système de marche à contre-vapeur, toute participation à ce qui peut être caractérisé par le nom d'invention* (****).

Dernière opinion de M. Le Chatelier sur la participation de M. Ricour.

Comment choisir parmi ces diverses opinions qui s'accentuent davantage à mesure qu'elles s'éloignent du point de départ ?

Cause de ces variations.

Une observation très-simple va nous guider :

Les deux lettres du 19 septembre et du 21 février se rapportent aux expériences faites pendant la première phase, avec l'appareil de Bergue simplifié. Il faut absolument les séparer des documents auxquels elles répondent directement, pour pouvoir s'imaginer qu'elles se rapportent *au tube d'inversion.*

Les deux lettres du 19 septembre et du 21 février de M. Le Chatelier sont des réponses aux deux lettres du 14 septembre et du 17 février de M. Ricour.

M. Le Chatelier n'est pas arrivé subitement à rompre ces liens étroits, il a fallu un temps assez long pour oublier les lettres de M. Ricour en date du 14 septembre et du 17 février ; au fur et à mesure que le souvenir s'efface, le sens de quelques paragraphes des lettres de M. Le Cha-

(*) Voir page 184 *id.*
(**) Voir page 179 *id.* Voir aussi à la correspondance la lettre du 24 octobre 1866.
(***) Voir page 17? de la brochure.
(****) Voir page 190 *id.*

telier se modifie, la part qu'il laisse à M. Ricour va s'affaiblissant, jusqu'à ce que l'oubli devenant complet et la part de M. Ricour entièrement nulle, M. Le Chatelier déclare que la première interprétation donnée par lui-même à ses lettres du 19 septembre et du 21 février était erronée, et que ces deux lettres se rapportaient, non à l'appareil de Bergue simplifié suivant son programme, mais à un sujet entièrement nouveau, au véritable tube d'inversion dont il se croit l'inventeur à l'exclusion totale de M. Ricour.

Avis au lecteur.

L'erreur est d'autant plus facile à faire partager au lecteur que celui-ci, après avoir lu les douze premières pages du livre de M. Le Chatelier, se place naturellement au point de vue des faits acquis et bien connus depuis l'application générale du tube d'inversion, et non au point de vue où se trouvait M. Le Chatelier, lorsqu'il avait sous les yeux la description de l'appareil représenté par les *fig. c* et *d*.

Pour la lettre du 21 février, par exemple, il est tellement clair que M. Le Chatelier conseille l'application de l'appareil de Bergue simplifié, décrit dans la lettre du 17 février 1866 (voir *fig. d*), que nous ne trouvons aucun argument plus fort que de mettre sous les yeux du lecteur les deux lettres du 17 et du 21 février en disant : « Lisez et comparez. » C'est l'évidence même.

Lettres du 19 septembre et du 21 février, expliquées par M. Le Chatelier le 3 mars 1866.

Faisons encore un rapprochement. Le lecteur sait déjà que les lettres du 19 septembre 1865 et du 21 février 1866 ont été présentées par M. Le Chatelier en 1869 (*), comme se rapportant à un appareil nouveau qui ne serait autre que le tube d'inversion, et que sa réclamation de priorité est entièrement basée sur cette hypothèse.

Or le 3 mars 1866, dix jours après la lettre du 21 février, M. Le Chatelier oublie jusqu'à l'idée mère de son invention supposée et résume ses deux lettres antérieures du 19 septembre et du 21 février avec une clarté parfaite

(*) Voir p. 12 et 13, 118 et 119, etc. de la brochure.

en les rattachant aux renseignements qu'il avait reçus.

« M. Ricour m'avait signalé l'inconvénient de *l'introduc-« tion de l'air sec dans les cylindres* qui produit *très-rapi-« dement le grippement.* Je lui avais alors conseillé de « *saturer l'air d'humidité* par un *jet d'eau* dans *le tuyau « d'échappement* par *lequel se fait la rentrée d'air* dans la « marche à contre-vapeur. »

Saturer l'air d'humidité par un jet d'eau, telle est bien la pensée dominante de M. Le Chatelier pendant la première phase des expériences. Mais ce n'est pas tout.

Une explication bien précise viendra, quelques lignes plus loin, compléter ce résumé fait par M. Le Chatelier de ses deux lettres afin de ne laisser aucun doute sur le sens des expériences antérieures. Il faut spécifier que les gaz aspirés étaient rejetés dans l'atmosphère ou, ce qui revient au même, que le régulateur était maintenu fermé. Eh bien! C'est M. Le Chatelier qui ajoute de sa propre main ces mots significatifs que « dans sa combinaison le régulateur était fermé. »

Voilà les deux lettres du 19 septembre et du 21 février commentées par leur auteur. D'après cette lettre du 5 mars il fallait saturer l'air d'humidité, laisser le régulateur fermé et rejeter cet air dans l'atmosphère par l'orifice d'évacuation S' (Voir *fig. d*).

C'est cette interprétation si claire, si précise et si complète en même temps que M. Le Chatelier tente aujourd'hui de supprimer, pour mettre à la place une interprétation nouvelle développée dans une brochure de plus de 200 pages.

Résumé de l'introduction.

Nous ne poursuivrons pas le cours de ces réflexions et nous nous résumons en disant simplement que les commentaires si longuement développés dans l'ouvrage de M. Le Chatelier ne résistent pas à la lecture impartiale des documents de la correspondance fournis les uns par M. Le Chatelier, les autres par M. Ricour, et publiés sous le contrôle de la commission des *Annales*. Nous dirons au lecteur :

Assurez-vous d'abord que les deux lettres du 19 septembre 1865 et du 21 février 1866 renferment absolument toutes les instructions par lesquelles M. Le Chatelier a complété son programme du 28 juillet 1865;

Assurez-vous que ces instructions sont complétement étrangères à la théorie mécanique de la chaleur, qu'elles se rapportent à l'appareil de Bergue simplifié décrit dans les lettres de M. Ricour du 14 septembre et du 17 février (Voir *fig.* *c* et *d*) et qu'elles ne peuvent pas se rapporter à un appareil qui n'existait pas encore, et qui est basé sur le principe de la transformation du travail en chaleur;

Assurez-vous qu'avant la découverte de cet appareil nouveau, M. Le Chatelier donnait à ses deux lettres une signification qu'il repousse aujourd'hui;

Choisissez entre une interprétation faite en termes très-clairs, pendant le cours des expériences, à l'abri de toute revendication personnelle, et une interprétation tardive qui entraîne avec elle les contradictions les plus surprenantes et ne conserve plus ce caractère d'impartialité si nécessaire pour formuler un jugement.

FIGURES

REPRÉSENTANT L'APPAREIL DE M. DE BERGUE

ET

L'Appareil de M. Le Chatelier avec ses perfectionnements successifs.

(PREMIÈRE PHASE)

Fig. *a*.

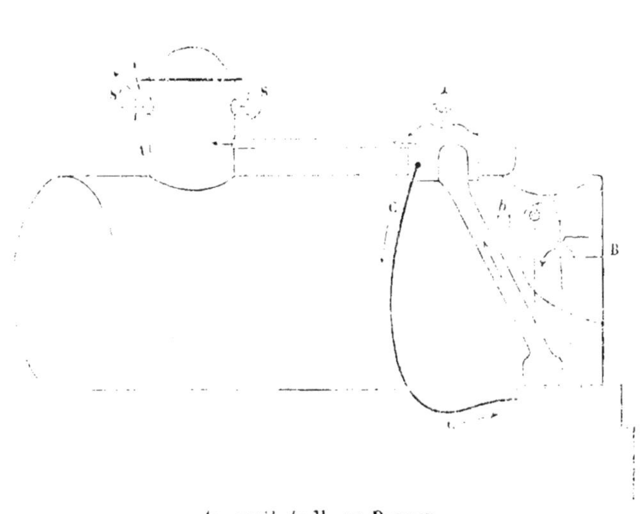

Appareil de M. DE BERGUE.

LÉGENDE.

A Réservoir régulateur de la contre-pression.

S Soupape fixant la limite supérieure de la contre-pression.

S' Soupape régulatrice de la contre-pression ; elle est manœuvrée à la main, au moyen d'une tringle.

B Appel d'air frais par l'échappement.

CC Petit jet de vapeur se mélangeant avec les gaz comprimés dans la boite du tiroir.

Fig. 4.

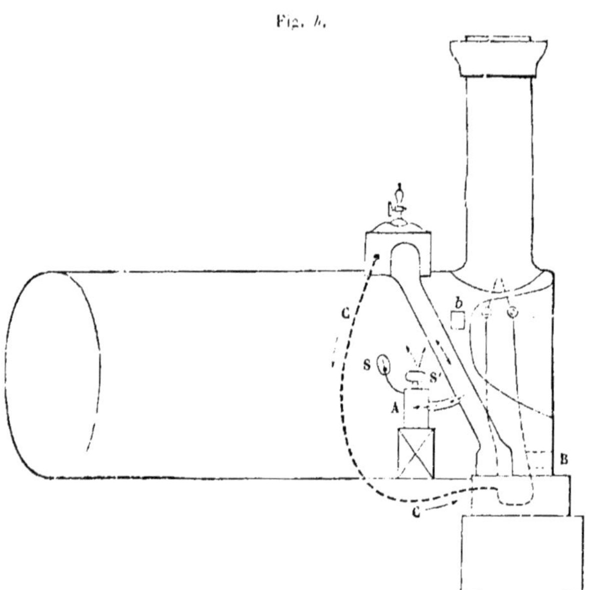

Appareil de M. LE CHATELIER, *tel qu'il est décrit dans le programme du* 28 *juillet* 1865 *et dans l'acte notarié du* 29 *août* 1865.

LÉGENDE.

A Ajutage régulateur de la contre-pression.

S Manomètre indiquant la contre-pression.

S' Soupape régulatrice de la contre-pression ; elle est manœuvrée à la main au moyen d'une vis.

b Registre d'entrée d'air frais.

Lettre du 28 juillet 1865. { B Appel d'air frais indiqué éventuellement.
{ CC Jet de vapeur indiqué éventuellement.

Pression dans la chaudière, 7 à 8 atmosphères.

Résistance (*) en arrière du piston ½, 1, 2 atmosphères.

(*) Observation due à M. Le Chatelier : *c'est par erreur que j'ai dit en commençant* que le mécanicien devrait suivre la marche du manomètre de la chaudière. — Il faudra *pour vos rampes de* 15 *millimètres une faible pression d'air derrière le piston*, et *l'air n'entrera pas dans la chaudière* par *le régulateur, qu'il ne pourra pas soulever.* — (Textuel.)

Fig. c.

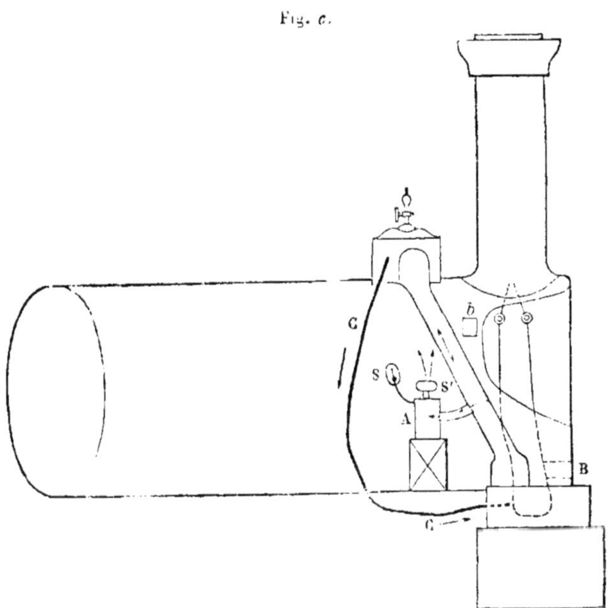

Appareil de M. Le Chatelier, *tel qu'il est décrit dans la lettre du* 14 *septembre* 1865 *de* M. Ricour, *à laquelle répond directement la lettre du* 19 *septembre* 1865 *de* M. Le Chatelier.

LÉGENDE.

A Ajutage régulateur de la contre-pression.

S Manomètre indiquant la contre-pression.

S' Soupape régulatrice de la contre-pression ; elle est manœuvrée à la main au moyen d'une vis.

b Registre de rentrée l'air frais ouvert en grand.

B Appel d'air frais indiqué éventuellement.

CC Mince jet de vapeur à mélanger avec l'air pour éviter le grippement des pièces.

Pression dans la chaudière, 8 atmosphères.

Résistance en arrière du piston, 3 atmosphères, et 5 atmosphères accidentellement.

Fig. *d*.

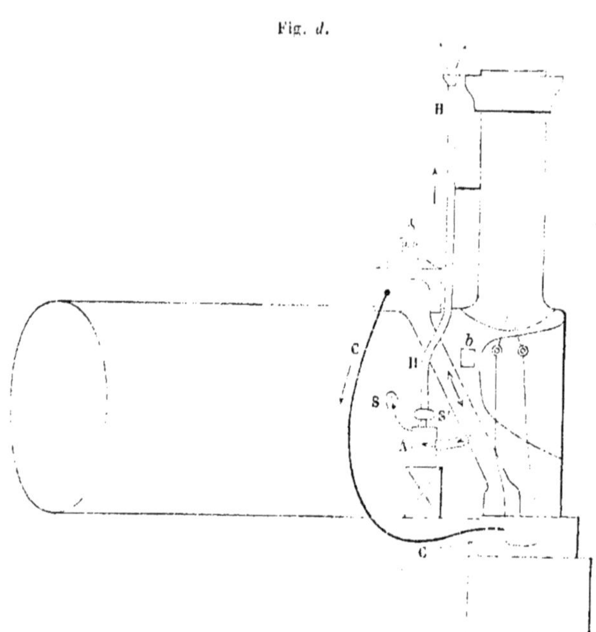

Appareil de M. Le Chatelier *tel qu'il est décrit dans la lettre du* 17 *février* 1866 *de* M. Ricour, *à laquelle répond directement la lettre du* 21 *février* 1866 *de* M. Le Chatelier.

LÉGENDE.

A Ajutage régulateur de la contre-pression.

S Manomètre. Les fortes oscillations de l'aiguille semblent démontrer l'insuffisance du réservoir d'air comprimé (*).

S' Soupape régulatrice de la contre-pression.

HH Tuyau pour l'écoulement du mélange d'air et de vapeur.

CC Jet de vapeur se mélangeant avec l'air pour lubrifier les pièces frottantes.

(*) Dans l'appareil de M. Le Chatelier, ce réservoir se trouve réduit à l'ajutage A, aux deux boîtes des tiroirs, et aux conduits d'amenée s'étendant depuis ces boîtes jusqu'à la table du régulateur; la capacité est tout au plus de 70 à 80 litres, tandis que, dans l'appareil de M. de Bergue, cette capacité est beaucoup plus grande et atteint au moins 250 ou 300 litres.

Dépense de vapeur signalée comme un obstacle à l'application par M. Ricour (*).

Dans l'appendice inséré à la suite de la correspondance publiée sous le contrôle de la commission des *Annales*, le lecteur pourra suivre avec plus de détails la trace des opinions si diverses exprimées successivement par M. Le Chatelier.

Nous espérons que cet *appendice* apportera une telle clarté dans ce débat que l'interprétation donnée après coup aux deux lettres du 19 septembre 1865 et du 21 février ne pourra plus supporter l'examen d'un esprit impartial.

Rennes, ce 10 mai 1869.

TH. RICOUR.

(*) Avis de M. Le Chatelier. — Je ne crois pas que le chiffre *de 45 réaux* que vous indiquez pour les dépenses soit un obstacle à l'application; c'est en résumé 0f,10 à 0f,15 par kilomètre à depenser. *Il reste à voir si la dépense d'entretien des bandages, lorsqu'on descend avec les freins, n'est pas plus importante que celle des consommations de la machine.* (Textuel). Lettre du 21 février.

NOTICE

SUR

LE TUBE D'INVERSION

OU

LA MACHINE LOCOMOTIVE

TRANSFORMÉE EN GÉNÉRATEUR DE CHALEUR

POUR PRODUIRE L'ARRÊT DES TRAINS.

EXPOSÉ.

Freins ordinaires. — Depuis l'établissement des chemins de fer, les moyens de produire l'arrêt des trains ont fait l'objet de nombreuses recherches.

Les combinaisons les plus ingénieuses ont été tour à tour proposées, essayées, abandonnées. On peut dire d'une manière générale que la pratique n'a consacré définitivement aucun progrès réel ; dans l'immense majorité des cas, les trains sont arrêtés aujourd'hui comme il y a vingt ans, à l'aide de sabots serrés contre les jantes des roues à l'appel du mécanicien.

Solution nouvelle. — Des expériences poursuivies pendant plus d'un an sur une large échelle nous ont fourni un ensemble de faits qui imposent une solution nouvelle, rationnelle dans son principe, efficace dans ses résultats et susceptible de recevoir une application immédiate sur tous les chemins de fer. Exposer cette solution dans les *Annales*, tel est le but de cette notice.

Tube d'inversion. — L'idée fondamentale repose sur la notion d'équivalence du travail et de la chaleur. Par l'addition d'un simple tube que nous avons désigné sous le nom de *tube d'inversion*, la machine locomotive est transformée en générateur de chaleur. Le mécanicien peut à volonté et par des manœuvres entièrement analogues produire une résistance ou une traction qui n'ont d'autres limites que l'adhérence.

Faut-il lancer un train à toute vitesse? la machine fait une dépense de vapeur en rapport avec le travail produit.

Faut-il arrêter court? la puissance vive du train se transforme en chaleur recueillie par l'eau de la chaudière. Le ralentissement commence au moment même où le mécanicien voit l'obstacle, et l'arrêt complet est souvent obtenu en moins de temps qu'il n'en faut pour serrer à bloc les freins à vis ordinaires.

A des frottements énergiques qui usent le matériel, détériorent les rails et les bandages, la nouvelle solution substitue une transformation de travail qui réalise une économie de combustible : elle permet en outre de supprimer les gardes-freins, personnel difficile à surveiller, personnel exposé à tous les accidents, personnel très-coûteux sur les lignes à fortes pentes, qui se multiplient à mesure que les mailles du réseau des chemins de fer se resserrent.

Nous décrirons d'abord les dispositions du *tube d'inversion*. Nous expliquerons ensuite le mode de fonctionnement, et nous confirmerons par des résultats d'expérience les avantages que nous venons d'énumérer.

1° DESCRIPTION DU TUBE D'INVERSION.

Le tube d'inversion a pour fonction de prélever sur la chaudière un mélange d'eau et de vapeur qui s'écoule directement dans les conduits de l'échappement, et revient de nouveau à son point de départ à travers le cylindre (Pl. 189, *fig.* 1, 2 et 3).

La prise de vapeur et la prise d'eau sont faites à l'aide

d'un gros tube pour la vapeur, d'un petit tube pour l'eau (*fig.* 4). Le petit tube *rr'* d'injection d'eau se raccorde sous un angle très-aigu avec le tube principal R R' R'', qui se replie le long de la chaudière et se bifurque vers son extrémité, de manière à venir s'implanter de part et d'autre sur les conduits de l'échappement en R' R'', le plus près possible des boîtes des tiroirs.

Les clefs des deux robinets A et *a* (*fig.* 4 et 5) sont reliés par une petite bielle B terminée en bec de cygne C.

D'un seul coup de main, le mécanicien ouvre les deux robinets : il déclanche ensuite la bielle en C et règle à loisir les proportions d'eau et de vapeur qui constituent le mélange.

De petits cadrans gradués DD, *dd* (*fig.* 5) indiquent les poids d'eau et de vapeur écoulés pour diverses ouvertures des robinets. Ces poids sont déterminés directement par des expériences préliminaires (*).

Poids de vapeur et d'eau écoulés par seconde. — Nous

(*) Depuis la publication de notre rapport du 29 avril 1866, sur la même question dans les *Annales des mines*, tome X, 1866, diverses compagnies en France, en Belgique, en Allemagne, etc., ont appliqué le tube d'inversion.

Les modifications ou additions dont nous avons eu connaissance sont les suivantes :

Au chemin de fer d'Orléans, M. Forquenot a obtenu de bons résultats en adoptant les garnitures métalliques, système Dufour, et des purgeurs à soupapes.

Au chemin de fer de Lyon, M. Marié a remplacé le jeu des deux robinets du tube d'inversion par un appareil qui permet de mesurer exactement les quantités d'eau et de vapeur à injecter dans l'échappement.

L'appareil se compose d'une petite boîte en cuivre divisée en trois compartiments : dans un des compartiments arrive l'eau; dans le deuxième latéral au premier arrive la vapeur. Une cloison à lumières sépare chacun de ces compartiments du troisième : des tiroirs, placés sur ces cloisons, règlent l'écoulement des deux fluides qui se réunissent dans le troisième compartiment, et se rendent de là dans l'échappement.

M. Marié a adopté en même temps le changement de marche à

donnons ci-après les résultats moyens d'expériences faites sur quarante machines distinctes, la pression dans la chaudière étant constamment maintenue à huit atmosphères. Ces résultats diffèrent peu d'une machine à une autre.

Vapeur seule, 15k.600. — Le robinet de prise de vapeur A étant totalement ouvert et le robinet de prise d'eau *a* étant fermé, le poids de vapeur écoulée par minute est de :

15k.600.

Eau seule, 15k.800. — Le robinet de prise d'eau étant seul ouvert, le poids d'eau écoulée par minute est de :

15k.800.

Mélange de vapeur et d'eau, 30k.000. — Les deux robinets A, *a* étant ouverts simultanément, le poids du mélange écoulé par minute est de :

30k.000.

Il résulte de ces expériences que le poids du mélange ne diffère que de 1/20 de la somme des poids de vapeur et d'eau écoulés séparément, chacun des trois écoulements, vapeur seule, eau seule, mélange de vapeur et d'eau, ayant lieu pendant la même durée et sous la même pression.

Le rapport des poids d'eau et de vapeur entrant dans le mélange ne diffère pas du rapport de l'eau coulant seule et de la vapeur coulant seule par les mêmes ouvertures de robinets.

---

vis, dont la manœuvre est beaucoup plus douce que celle du levier à main ordinaire, et n'exige plus ni force, ni habileté spéciale.

Enfin dans le *Bulletin de la société de l'industrie minérale*, M. Chaussel, ingénieur aux mines de Firminy, a fait ressortir les avantages qu'offrirait l'application du tube d'inversion aux machines d'extraction des mines.

Cette loi très-simple se vérifie quelle que soit la composition du mélange, pour une faible proportion d'eau comme pour une faible proportion de vapeur.

Prix de revient du tube d'inversion. — Le tube d'inversion, avec ses accessoires, coûte environ 150 francs par machine.

2° MODE DE FONCTIONNEMENT DU TUBE D'INVERSION.

Circuit parcouru par le mélange d'eau et de vapeur. — Examinons en détail les diverses phases de détente, d'aspiration, de compression et de refoulement que subit le mélange de vapeur et d'eau dans un voyage complet à travers le tube d'inversion, les tuyaux d'échappement, les cylindres et la chaudière.

Prenons pour exemple la machine à six roues couplées, à laquelle le tube d'inversion a été appliqué pour la première fois.

Cette machine est représentée dans ses dispositions d'ensemble par les *fig.* 1, 2, 3 de la Pl. 189.

Elle pèse 30t.500 ; la course des pistons est de 0m.600 ; le diamètre des roues motrices est de 1m.30 ; la section des cylindres, 0m.150 ; le volume de l'*espace nuisible* est d'environ quatre litres ; les conduits de l'échappement EE et la tuyère T (*fig.* 6) forment une contenance de quarante-trois litres. La pression réglementaire est de huit atmosphères.

Suivons la machine s'avançant sur les rails : la marche des tiroirs est renversée, et les robinets du tube d'inversion sont réglés de manière à maintenir constamment un léger excès de vapeur dans les conduits de l'échappement.

Pour mieux saisir toutes les circonstances du mouvement dans des conditions bien déterminées, nous supposons que la machine progresse très-lentement et que la vapeur soit admise à pleine contre-pression pendant la moitié de la course du piston.

Voici le piston qui part du fond du cylindre et tend à produire le vide derrière lui (*fig.* 7). La lumière du tiroir L s'ouvre à l'échappement (*fig.* 8) ; la communication est établie avec le tube d'inversion, le mélange de vapeur et d'eau afflue et remplit le cylindre sous la pression atmosphérique (*fig.* 9).

Aussitôt après (*fig.* 10) le piston reprend la marche inverse, la lumière L est encore ouverte à l'échappement, une partie de la vapeur aspirée reflue dans la tuyère ; mais bientôt le tiroir ferme l'issue (*fig.* 11), la vapeur est emprisonnée et soumise à une pression régulièrement croissante.

Compression brusque. Travail transformé en chaleur latente. Limite de température. — Suivons encore le piston et le tiroir simultanément ; un peu d'attention est nécessaire.

La lumière L va s'ouvrir à l'admission (*fig.* 12) : nous assistons à la phase la plus intéressante. La vapeur, chargée d'eau, emprisonnée dans le cylindre, est comprimée par le piston à $1^{atm}.60$ environ ; la vapeur sèche de la chaudière se précipite dans le cylindre et fait monter brusquement à 8 atmosphères la pression de la vapeur emprisonnée. Le travail instantané de compression dépensé par la vapeur de la chaudière est égal à 1 700 kilogrammètres et correspond à *quatre calories* environ d'après la loi d'équivalence.

Tout se passerait comme dans un immense briquet à air, et la température de la vapeur emprisonnée monterait subitement à près de 400°, si une sorte de déversoir ne maintenait la température à un niveau invariable.

Voici comment cette limite de température s'établit, c'est en quelque sorte le secret de la solution :

La vapeur emprisonnée est chargée d'eau, elle reste nécessairement saturée ; c'est la pression qui fixe dès lors le degré de la température, et ce degré est exactement celui de l'eau de la chaudière : dès que ce degré est atteint, ce n'est plus la vapeur qui s'échauffe, c'est l'eau en suspension qui se vaporise, qui transforme le travail de compression en chaleur latente. Toute surélévation de température est impossible : c'est en effet une des lois les mieux établies en physique et les mieux connues par les expériences de M. Regnault, que la température de la vapeur d'eau saturée est rigoureusement déterminée par la pression.

L'eau injectée dans la vapeur joue le rôle de l'eau dans un condenseur : elle doit être surabondante ; or, *quatre calories* vaporisent environ huit grammes d'eau, il est donc indispensable que l'eau injectée soit au minimum de huit à dix grammes par cylindrée.

La compression brusque dont nous venons d'analyser les effets se produit dès les premiers instants de l'admission : le cylindre et la chaudière se trouvent dans les conditions de deux réservoirs remplis de gaz à pressions différentes entre lesquels une communication est subitement établie ; il n'y a que transvasement en quelque sorte de chaleur et de travail ; il n'y a ni augmentation, ni diminution d'une manière absolue.

Il n'en est pas de même dans la dernière période : le piston achève sa course (*fig.* 15), en refoulant devant lui la vapeur à huit atmosphères et produit ainsi un travail résistant exactement comparable au travail moteur développé dans la marche directe. Ce travail de refoulement se répartit sur la masse totale de la vapeur de la chaudière et se transforme en chaleur suivant la loi connue d'équivalence, c'est-à-dire à raison d'une calorie par 430 kilogrammètres. La chaleur gagnée est de neuf calories par coup de piston.

Le circuit complet se trouve alors fermé, la vapeur est ramenée à son point de départ, et une série de phases analogues se succèdent indéfiniment.

Pour chaque cycle complet, la vapeur et l'eau sorties par

le tube d'inversion recueillent chemin faisant, pour les emmagasiner dans la chaudière, des quantités de chaleur équivalentes au travail résistant des pistons; la machine n'éprouve aucun frottement exceptionnel, et cependant le train se ralentit et s'arrête comme s'il était soumis à l'action des freins les plus énergiques.

Nous avons considéré ce qui se passe sur une face d'un piston, il est évident que les mêmes périodes se reproduisent alternativement sur les deux faces dans chaque cylindre, de sorte que pour un tour complet des roues motrices, la vapeur est aspirée et refoulée à quatre reprises.

C'est grâce à la superposition de ces quatre cycles que la vitesse d'aspiration par les cylindres du mélange de vapeur et d'eau, bien que périodiquement variable, s'écarte très-peu de part et d'autre d'une vitesse moyenne uniforme. En réglant la vitesse d'écoulement par le tube d'inversion de manière à la rendre un peu supérieure à cette vitesse moyenne d'aspiration, on maintient dans la cheminée un léger courant de vapeur qui s'oppose à l'aspiration de l'air et des gaz de la combustion.

Poids de vapeur et d'eau nécessaires pour diverses vitesses. — Le volume de vapeur aspiré dans les cylindres par tour de roue est presque indépendant du degré de l'admission; pour les très-faibles vitesses ce volume ramené à la pression atmosphérique est de 200 litres et correspond à un poids de $0^k,120$.

La machine fournit 245 tours de roue par kilomètre et le poids de vapeur aspirée est égal à :

$$245 \times 0^k.120 = 29^k.400,$$

soit 30 kil. en nombre rond.

Le *tube d'inversion* ouvert en grand, écoule par minute, sans tenir compte de l'eau, environ

15 kilog. de vapeur,

comme nous l'avons indiqué plus haut, ou

30 kilog. en deux minutes.

Faut-il conclure de là que l'écoulement par le tube d'inversion deviendrait insuffisant, si la machine parcourait plus d'un kilomètre en deux minutes ou 30 kilomètres à l'heure? Nullement. L'expérience démontre que cet écoulement est surabondant même pour les grandes vitesses.

Ce fait singulier s'explique :

La vapeur à la sortie du tube d'inversion se détend sous la pression atmosphérique ; le vide complet n'existe jamais dans les cylindres, la vapeur s'y introduit en vertu d'une faible différence de pression. Il lui faut une demi-seconde environ pour remplir une cylindrée : or, à la vitesse de 30 kil. à l'heure, la lumière ne reste ouverte que pendant un quart de seconde, et le poids de vapeur aspirée dans ce faible intervalle de temps, ne dépasse pas la moitié du poids calculé.

Qu'on double la vitesse de la marche, on diminue de moitié la durée de chaque ouverture des lumières; la vapeur introduite par cylindrée diminue sensiblement dans le même rapport, et comme ce nombre de cylindrées par minute est doublé, le poids de vapeur aspirée dans le même intervalle tend vers une valeur constante, soit :

$7^{k}.500$,

moitié à peu près du maximum que le tube d'inversion peut fournir.

Nous avons reconnu d'autre part que l'injection d'eau dans les cylindres ne doit pas descendre au-dessous de 10 grammes par cylindrée : vérifions si cette condition est toujours remplie.

Le tube d'inversion peut fournir :

$15^{k}.000$

d'eau par minute : ce poids correspond à 1,500 cylindrées à raison de 10 grammes l'une, et à un parcours de

1k.500

par minute, ou à une vitesse de

90k.000

à l'heure. Jamais cette vitesse n'est atteinte, les machines à six roues couplées ne devant pas marcher à plus de 45 kilomètres à l'heure ; on peut en toutes circonstances injecter dans les cylindres un poids d'eau double de celui qui est absolument indispensable.

Il est démontré maintenant par voie d'expérience que le tube d'inversion tel qu'il est décrit peut fournir en pleine marche l'eau nécessaire et la vapeur en surabondance.

Au premier instant de tout ralentissement à produire, les deux robinets sont ouverts en grand, afin de remplir rapidement de vapeur très-humide les conduits de l'échappement. Le mécanicien déclanche aussitôt la petite bielle et met promptement l'écoulement de vapeur en rapport avec l'aspiration.

C'est une faute que tous les mécaniciens commettent au début de laisser écouler un grand excès de vapeur par la cheminée ; cette vapeur perdue correspond non-seulement à une consommation inutile de combustible, mais encore et surtout elle a le grave inconvénient d'entraîner à l'air libre une partie de l'eau qui devrait passer dans les cylindres pour recueillir la chaleur ; des élévations nuisibles de température peuvent aussitôt se produire. Il faut donc recommander de la manière la plus expresse de ne laisser écouler qu'un petit excès de vapeur suffisant pour produire au sommet de la cheminée un léger panache intermittent.

L'écoulement d'eau peut au contraire être maintenu complet : ce n'est que pour les très-faibles vitesses, au moment où l'arrêt va se produire qu'il convient de modérer cet écoulement.

3° RÉSULTATS D'EXPÉRIENCE.

Première expérience décisive. — La première expérience couronnée d'un succès complet remonte au 22 mars 1866. Elle a eu lieu entre Avila et Madrid à la descente du versant méridional de la chaîne de Guadarrama.

La distance est de 120 kilomètres : les pentes dépassent 20 millimètres sur quelques points, et 15 millimètres sur de grandes longueurs. La machine remorquait un train de voyageurs composé de 12 wagons.

Dans cette expérience le mécanicien a ralenti sa marche, s'est arrêté dans les gares, a conduit en un mot son train exactement comme il l'a voulu ; aucune pièce de la machine n'a chauffé, aucune garniture n'a fui ; les boîtes des tiroirs et les tiges n'étaient pas plus chaudes, lorsque la marche des tiroirs était renversée que lorsqu'elle était directe.

Dans une série d'expériences faites à la descente du Guadarrama et des Pyrénées, au chemin de fer du nord de l'Espagne, les avantages inhérents à l'emploi du tube d'inversion se sont manifestés avec une évidence telle que le système a été appliqué à l'ensemble du matériel, c'est-à-dire à 180 machines locomotives de divers types. L'application est devenue entièrement pratique.

Expériences constatant l'économie de combustible. — L'économie de combustible réalisée par la transformation du travail en chaleur a été constatée par une commission d'ingénieurs espagnols d'une manière saisissante.

Un train composé de 24 wagons est parti du point culminant du Guadarrama (1 400 mètres au-dessus du niveau de la mer) vers Madrid.

Deux machines étaient en tête :

La première machine munie du tube d'inversion devait

produire uniquement du travail résistant, soit sur les grandes pentes, soit à l'arrivée dans les gares;

La deuxième machine était destinée à produire tous les efforts de traction, soit au démarrage, soit en marche.

Au départ du point culminant la pression était de six atmosphères dans la machine munie du tube, le mécanicien avait reçu l'ordre de laisser tomber le feu, il restait à peine quelques morceaux de charbon sur la grille.

Après un parcours de neuf kilomètres, à Navalpéral, le feu était complétement éteint et cependant la pression avait monté d'une manière sensible.

Entre Navalpéral et Roblédo, gares distantes de 25 kilomètres, la chaudière fut alimentée, et malgré cette introduction d'eau froide, la chaleur due au travail résistant des pistons fit monter la température et par suite la pression au point de faire souffler les soupapes de sûreté. La pression était supérieure à huit atmosphères.

Pendant le reste du voyage, des effets analogues se manifestèrent : la pression dans la chaudière baissait pendant les arrêts par suite des pertes de chaleur dues au rayonnement, elle montait de nouveau lorsque le tube d'inversion fonctionnait pour modérer la vitesse sur les grandes pentes ou produire les arrêts.

Une machine locomotive a parcouru ainsi une distance de 100 kilomètres, arrêtant le train à propos, modérant la vitesse et obéissant avec la sensibilité d'un instrument de précision, au moindre déplacement du levier de changement de marche. Par moments, les soupapes se soulevaient, un excès de vapeur sortait par la cheminée; la température et la pression oscillaient entre des limites peu écartées, et pendant ce long trajet de trois heures, la consommation de combustible était absolument nulle.

Cette expérience curieuse dont les moindres détails trouvent une explication rationnelle dans la théorie mécanique de la chaleur a été répétée à diverses reprises avec le même succès.

Cette transformation visible et tangible du travail résistant en chaleur utilement emmagasinée dans la chaudière forme un contraste frappant avec la *destruction* habituelle de ce même travail par l'intermédiaire des freins. D'une part, économie de combustible, emmagasinement de chaleur; d'autre part, usure des rails et des bandages, frottements énergiques aussi nuisibles au matériel fixe qu'au matériel roulant.

Expériences faites sur le réseau de Paris à Lyon et à la Méditerranée. — Qu'il nous soit permis de passer sous silence les expériences au nombre de plus de douze cents que nous avons poursuivies pendant que nous étions chargés du Matériel et de la Traction du Nord de l'Espagne, pour y substituer un extrait d'une note fort intéressante publiée sur le même sujet à la date du 24 décembre 1866 par M. Marié, ingénieur en chef des chemins de fer de Paris à Lyon et à la Méditerranée.

« — Toutes les expériences que nous avons faites nous « ont confirmé les résultats annoncés par M. Ricour par « l'injection d'eau et de vapeur en quantités convenables; « nous avons pu descendre des rampes très-longues de 20 à « 25 kilomètres en retenant le train par la contre-vapeur « sous une admission inverse de 0,60 de la course du pis- « ton. Aucun des inconvénients signalés plus haut ne s'est « présenté; pas d'échauffement, de grippage ou d'usure des « cylindres ou des tiroirs, pas d'échauffement des pistons, « les garnitures se sont comportées comme à l'ordinaire, il « a été très-facile, en variant l'injection d'empêcher l'élé- « vation de la pression, de faire fonctionner l'appareil « Giffard, etc. »

La note se termine par la conclusion suivante :

« L'emploi de la contre-vapeur pour modérer la vitesse « des trains sur les pentes et pour produire des arrêts ordi-

« naires ou très-rapides, donne les résultats les plus avan-« tageux pour l'exploitation en général, et nous n'hésitons « pas à proposer d'appliquer les appareils ci-dessus à toutes « les machines de notre effectif. »

Freins à vis. Tube d'inversion. Expériences comparatives. Régularité de marche. Rapidité et douceur des arrêts. — Dans une série d'expériences faites avec le concours des Ingénieurs du gouvernement espagnol pour comparer au point de vue de la régularité de la marche, de la rapidité et de la douceur des arrêts, les trains munis des freins ordinaires à vis et les trains conduits par une machine à tube d'inversion sans garde-freins, la supériorité des résultats obenus avec le tube d'inversion a dépassé toutes les prévisions.

Un appareil dynamométrique installé dans un wagon spécial enregistrait automatiquement soit le travail moteur transmis au crochet de traction, soit le travail résistant produit sur chaque tampon du wagon de tête.

Un tracé continu donnait en même temps d'une manière directe la vitesse du train en chaque point du parcours avec une très-grande exactitude. Le crayon était conduit par un appareil à force centrifuge.

Les courbes des vitesses tracées sur de grands disques de près d'un mètre de diamètre font sauter aux yeux les moindres accidents de la marche.

Pour les trains retenus avec les freins à vis à la descente de longues pentes, les courbes présentent de profondes dentelures ; ainsi, par exemple, pour une vitesse moyenne de 50 kilomètres à l'heure, les ordonnées oscillent entre 10 et 40 centimètres, et ces ordonnées correspondent à des vitesses de 15 et 49 kilomètres. Il est vrai que le profil de la traversée de Guadarrama est très-accidenté et que les pentes varient brusquement sur de faibles parcours.

Pour les trains dont la marche est réglée avec le tube d'inversion sur le même profil, la vitesse se trouve maintenue entre des limites voisines de la vitesse moyenne; les courbes présentent à peine de légères ondulations.

La différence des deux marches est caractéristique; la raison est d'ailleurs facile à saisir.

Voici le train qui marche trop vite. Appel aux freins. — Vingt, trente secondes s'écoulent avant que les freins soient serrés, — la vitesse croit encore, elle devient excessive; — Nouvel appel. — A peine les freins sont-ils serrés à bloc que la marche se ralentit outre mesure; il faut les lâcher, puis les serrer de nouveau, et ainsi alternativement. Le train s'avance par saccades, ici trop vite, là trop lentement. Mécaniciens et gardes-freins sont constamment en lutte.

Avec le tube d'inversion, au contraire, le travail résistant de la machine se règle sur les pentes, exactement comme le travail moteur se règle sur les rampes; la main du mécanicien agit sûrement et c'est ainsi que les courbes de vitesse accusent une régularité de marche égale à la montée ou à la descente.

Combinaison du tube d'inversion et des freins automoteurs. — L'énorme résistance que la machine peut développer en tête du train rend parfaitement pratique l'emploi des freins automoteurs. Cet emploi est nécessaire, lorsque les charges et les pentes sont telles que la résistance de la machine poussée jusqu'à la limite d'adhérence ne suffit plus pour produire des arrêts assez prompts. Nous espérons donner plus tard une théorie de ces freins, tels qu'ils ont été modifiés par nous, et la démonstration expérimentale de nos conclusions. Nous nous contenterons pour le moment de rapporter les résultats comparatifs des arrêts obtenus pour un même train; d'une part avec des freins à vis manœuvrés par des garde-freins, et d'autre part avec le tube d'inversion et un égal nombre de freins automoteurs.

Les expériences que je vais rapporter ont été dirigées officiellement le 30 avril 1867, par les ingénieurs du contrôle du gouvernement espagnol.

Une machine à huit roues couplées pesant 43 tonnes remorquait un train de 32 wagons; le poids total du train était de :

443ᵗ.356,

machine comprise. Les wagons avec freins à vis étaient au nombre de six et pesaient ensemble :

76ᵗ,081.

Les figures 14, 15, 16 (Pl. 189) donnent à une échelle réduite les courbes des vitesses pour les arrêts obtenus avec les freins à vis. Les abscisses représentent les espaces parcourus à partir du point où le mécanicien fait entendre le signal d'arrêt. Les ordonnées sont proportionnelles aux vitesses.

Le premier arrêt a été obtenu avec les freins à vis après un parcours de 850 mètres sur une pente de 14 millimètres.

Le deuxième arrêt a été obtenu après un parcours de 1 040 mètres sur une pente de 10 millimètres.

Le troisième arrêt a été obtenu après un parcours de 500 mètres sur une pente de 10 millimètres.

Dans les trois cas, le temps qui s'écoule entre le signal d'arrêt et le serrage à bloc des freins est nettement accusé; la vitesse augmente pendant un parcours de 200 à 400 mètres.

Les figures 17, 18, 19 (Pl. 189) donnent les courbes de vitesse pour les arrêts obtenus avec le tube d'inversion et six freins automoteurs placés en tête du train et pesant ensemble 90ᵗ.080.

Le premier arrêt a été obtenu après un parcours de 175 mètres sur une pente de 10 millimètres.

Le deuxième arrêt a été obtenu après un parcours de 280 mètres sur une pente de 18 millimètres.

Enfin le troisième arrêt a été obtenu après un parcours de 255 mètres sur une pente de 17 millimètres.

La forme de ces dernières courbes fait nettement ressortir

l'action, en quelque sorte immédiate, du travail résistant de la vapeur sur les pistons et le ralentissement progressif qui en est la conséquence.

L'arrêt complet est produit dans un parcours moindre que celui où les freins à vis commencent à agir efficacement.

Ce n'est pas tout d'arrêter court, il faut encore arrêter sans secousses. Vouloir un arrêt court et doux en même temps; cela semble paradoxal. On a calculé que l'arrêt brusque d'un train équivaudrait à une chute d'un second étage sur le pavé; heureusement le voyageur dans un wagon ne court pas un pareil risque, et si les arrêts produits par le tube d'inversion réalisent deux conditions en apparence contradictoires ils n'atteignent pas cette limite brutale qui inspirerait de justes frayeurs. Au dur pavé se trouve substitué un matelas invisible de plus de 100 mètres d'épaisseur qui amortit le coup insensiblement.

En ayant soin de serrer les attelages de manière à amener tous les tampons au contact, comme les règlements le prescrivent, le ralentissement se produit en effet avec une douceur inattendue, quelle que soit la longueur des trains.

Des expériences ont été faites sur des trains de 40 wagons lancés à une vitesse de 27 à 55 kilomètres sur des pentes de 10 à 20 millimètres par mètre.

Les arrêts ont été obtenus sur des distances de 150 à 500 mètres; diverses personnes, parmi lesquelles se trouvaient des administrateurs du chemin de fer, debout dans le fourgon de queue, sont restées en place sans pouvoir fixer le moment précis où le ralentissement avait commencé et sans éprouver la plus légère secousse.

Nos expériences ne se sont pas étendues à des pentes supérieures à 25 millimètres par mètre, mais nous regardons comme certain que le tube d'inversion combiné avec les freins automoteurs permettrait de parcourir avec sécurité des pentes de 4 centimètres par mètre avec les trains les plus lourds.

Nous avons réuni plus de 800 diagrammes donnant toutes les circonstances de vitesse, de traction, de résistance dans les conditions les plus variées de charge, de profil, de consommation de combustible. Certaines courbes donnent en vraie grandeur toutes les oscillations qu'un wagon en marche éprouve dans le sens vertical; les plus légers défauts de la voie, un joint trop flexible, un éclissage mal fait, une traverse mal bourrée sont nettement accusés; un Directeur de compagnie peut se rendre compte de l'état de la voie à l'inspection de tableaux graphiques automatiquement dessinés. Rien n'est intéressant comme de comparer ainsi des voies de différents systèmes, ou même les diverses parties d'une même voie au point de vue de l'entretien.

Nous nous réservons de revenir sur ces divers sujets, heureux si nous avons réussi à faire connaître aux lecteurs des Annales une application de la théorie mécanique de la chaleur à la régularisation de la marche et à l'arrêt des trains.

NOTE A JOINDRE AU MÉMOIRE PRÉCÉDENT (*).

Lettre de M. Le Chatelier *à* M. Des Orgeries, *en date du* 28 *juillet* 1865.

Je vous prie de faire le plus tôt possible une expérience qui m'intéresse pour la solution d'une question que je discute avec M. Flachat, et qui surtout peut conduire à des résultats avantageux pour votre service.

Un inventeur a imaginé un procédé qui fonctionne avec succès pour marcher à contre-vapeur à la descente des fortes pentes.

Vous savez que lorsque l'on renverse la vapeur, l'air entre par le tuyau d'échappement, est emprisonné dans les cylindres, refoulé dans le tuyau de prise de vapeur, soulève le régulateur et pénètre dans la chaudière, dans laquelle il élève promptement la pression de manière à faire soulever les soupapes. La pression qui s'élève dans la chaudière souvent au delà de la limite réglementaire fait fuir les joints, et peut occasionner quelques ruptures de pièces : on ne marche à contre-vapeur que dans les cas extrêmes.

L'inventeur en question a imaginé de faire un tiroir de régulateur qui, lorsqu'il est fermé permet de faire sortir à l'extérieur de la chaudière l'air refoulé par la marche à contre-vapeur, et de l'envoyer dans un petit réservoir, porté sur la chaudière, qui fait régulateur de pression.

Deux soupapes qui sont disposées sur un appendice de ce réservoir, sont : l'une chargée par un ressort pour limiter la pression que l'air peut atteindre, l'autre manœuvrée par une tringle à la main du mécanicien, qui permet d'émettre une quantité d'air variable, telle que la pression se maintienne au point convenable que fixe le mécanicien pour déterminer une résistance au mouvement de la machine, sans que les roues motrices s'arrêtent et glissent ou patinent.

Lorsqu'on a apporté au comité du Midi le dessin de cet appareil

(*) Pour l'intelligence de cette correspondance, il y a lieu de rappeler que M. Le Chatelier remplissait à Paris, en ce qui concerne les services techniques, et sous le titre d'ingénieur en chef délégué, des fonctions équivalentes à celles de directeur général. M. Des Orgeries dirigeait les services en Espagne avec le titre de directeur de la compagnie. M. Ricour était ingénieur en chef du matériel et de la traction sous les ordres de M. Des Orgeries.

qu'on essaie avec succès sur le chemin de fer de l'Ouest, j'ai prétendu qu'on n'avait jamais bien défini les conséquences et les inconvénients de la contre-vapeur, que c'était certainement un préjugé qui la faisait redouter si généralement, et qu'il était regrettable que les ingénieurs ne se fussent pas appliqués à constater la cause des inconvénients et à y remédier, ce qui probablement n'aurait pas été très-difficile, sans qu'il fût nécessaire de mettre sur le dos des machines des mécaniques comme celle qu'on nous présentait; la discussion s'est animée et m'a conduit à improviser une solution qui me paraît possible, malgré la condamnation que M. Flachat a prononcée contre elle.

Cette solution consiste à mettre sur le tuyau de prise de vapeur, entre les cylindres et le régulateur, au point qui sera le plus commode, un petit ajutage fermé par un robinet, ou mieux par un tiroir manœuvré par une vis commandée par une tringle à la main du mécanicien.

Le mécanicien renversera la vapeur comme d'habitude, et aussitôt il ouvrira le robinet d'évacuation d'air refoulé [en suivant des yeux le manomètre pour se rendre compte des variations de la pression dans la chaudière, et pour la régler au moyen de ce robinet] (voir à la fin).

S'il s'agit d'éviter une collision, il renversera purement et simplement la vapeur; s'il s'agit au contraire de descendre une rampe il limitera la pression dans la chaudière, de manière à ne pas dépasser le but et à ne pas arrêter le train.

L'inconvénient que peut présenter une disposition de ce genre sera sans doute la nécessité de ne pas puiser indéfiniment de l'air chaud et chargé de cendres dans la boîte à fumée pour le faire passer dans les cylindres, ce qui les échaufferait et les salirait; mais il est exactement le même pour le système essayé sur les quelques kilomètres de la rampe du chemin de fer atmosphérique, c'est à l'expérience à décider si on peut marcher ainsi pendant longtemps sur des pentes très-longues.

Il suffira que mon système marche à peu près pour qu'on se rende compte de ce point de vue très-important ; à son défaut on prendrait le système plus complet du chemin de l'Ouest.

Celui-ci a un grave inconvénient, c'est d'amplifier beaucoup le régulateur de prise de vapeur et d'en rendre plus difficile la manœuvre déjà difficile par elle-même.

Lorsqu'il s'agira de modérer la marche à la descente, la manœuvre pourra se faire très-simplement; le régulateur étant fermé et tenu fermé par la pression intérieure de la chaudière qui est de

7 à 8 atmosphères, le levier de changement de marche étant au point mort, le mécanicien ouvrira en grand son robinet d'évacuation de l'air comprimé, puis mettra le levier de changement de marche en arrière au point le plus convenable pour éviter les claquements des tiroirs sur leur siége (s'il peut s'en produire, ce que je n'ai pas le temps d'examiner) et fermera graduellement le robinet d'évacuation de l'air, de manière à créer en arrière des pistons une résistance de 1/2, 1, 2 atmosphères, suivant ce qu'exigera l'état du chemin et du train.

S'il faut arrêter brusquement, il fermera l'évacuation et on se retrouvera dans les conditions ordinaires du renversement de la vapeur.

(C'est par erreur que j'ai dit en commençant que le mécanicien devrait suivre la marche du manomètre de la chaudière) il faudra pour vos rampes de 15 millimètres une faible pression d'air derrière le piston, et l'air n'entrera pas dans la chaudière par le régulateur qu'il ne pourra pas soulever.)

Pour éviter l'inconvénient de l'échauffement des cylindres par l'air chaud de la boîte à fumée, il faudra ouvrir très-largement et peut-être augmenter le registre de rentrée d'air, et arrêter par tous les moyens possibles la combustion dans le foyer.

Peut-être même faudra-t-il arriver à une combinaison qui fasse entrer à la base du tuyau d'échappement, de l'air frais ou de la vapeur venant de la chaudière, etc., etc. Mais tout cela sera à voir plus tard.

Ce qui presse pour le moment, c'est de voir s'il y a quelque chose à obtenir de mon robinet de décharge de l'air refoulé, ou s'il faudra recourir à l'appareil plus compliqué de l'Ouest, sauf à rechercher plus tard les améliorations à apporter à l'un ou à l'autre.

Je crois que vous pouvez faire l'essai très-facilement et en quelques jours en mettant un robinet sur la boîte du régulateur et en le faisant manœuvrer à la main par un homme monté sur l'avant de la machine.

Je vous serai obligé de me faire tenir au courant de la marche des essais, si vous jugez opportun de les faire. Il serait bon, en cas même de demi-succès, de faire constater l'application (*). Je ne

---

(*) Voici l'extrait d'un acte notarié constatant l'application :

A Madrid ce 29 août 1865, je soussigné, D. Luis Hernandez....., me suis transporté en ma qualité de notaire à la station du chemin de fer, dans la partie affectée au dépôt des machines. Sur l'une des voies stationnait la machine « Oquendo » portant le n° 358.

J'ai reconnu qu'à la partie inférieure du tuyau de prise de vapeur, au tiers ensais pas si l'inventeur a pris des brevets en Espagne, et si mon robinet rentre dans sa spécification.

Extrait d'une lettre de M. DES ORGERIES *à* M. LE CHATELIER, *en date du* 31 *juillet* 1865.

. . . .

Je vais faire faire l'expérience que vous me demandez, sur la marche à contre-vapeur à la descente des fortes pentes, aussitôt après le voyage de la reine, et je la recommanderai particulièrement à M. Germon en l'absence de M. Ricour, que je prierai du reste, à son retour, de suivre les essais.

. . . .

Extrait d'une lettre de M. RICOUR, *pour le Directeur de la compagnie, à* M. LE CHATELIER, *en date du* 14 *septembre* 1865.

Suivant votre désir, nous avons appliqué et expérimenté l'appareil-frein dont votre lettre du 28 juillet nous entretenait. Deux voyages d'essai ont été faits, et malgré les quelques inconvénients remarqués, nous espérons trouver une combinaison qui permettra de faire fonctionner cet appareil dans de bonnes conditions. Aussi avons-nous fait constater officiellement l'application par acte passé devant notaire.

L'appareil « frein à air » a été établi sur la machine à marchandises n° 558 du dépôt de Madrid : il consistait en une petite soupape à vis mise en communication avec le tuyau de prise de vapeur et manœuvrée par un homme se tenant à l'avant de la machine. Un manomètre était placé sur l'ajutage et en vue de la personne qui manœuvrait la soupape.

. . . .

---

viron de la longueur à partir de la boîte du tiroir, a été ajouté un autre tuyau qui repose sur un cylindre en bois. Ce tuyau nouveau communique directement avec celui de prise de vapeur : il porte à sa partie supérieure une soupape manœuvrée par une roue à main avec ressort à boudin. Du côté gauche sort un tube d'un centimètre de diamètre se terminant par un manomètre qui fait connaître la pression.

C'est cet appareil qui m'a été présenté comme constituant la nouvelle invention appliquée à cette machine.

L'aiguille du manomètre oscillait d'une façon constante et régulière : l'amplitude des oscillations ne dépassait pas une atmosphère et la pression a atteint 4 ou 5 atmosphères et est arrivée accidentellement à 6. Les précautions indiquées dans votre lettre pour éviter autant que possible d'introduire dans les cylindres de l'air trop échauffé avaient été prises : le registre d'air était ouvert en grand, ainsi que la porte du foyer. Cependant après ce premier essai, il a fallu refaire les garnitures du tuyau de prise de vapeur et toutes les garnitures des boîtes à étoupes, des tiges des pistons, et des tiroirs qui étaient brûlées.

Un deuxième voyage d'essai fait le 30 août... donna à peu près les mêmes résultats.

. . . .

En résumé le résultat de ces deux essais a été satisfaisant et nous ne prévoyons jusqu'à présent comme inconvénient grave que l'échauffement des cylindres et tiroirs et la détérioration des garnitures des presse-étoupes.

Nous pensons, du reste, qu'il sera possible, sans apporter de modifications importantes aux machines, de remédier à ces inconvénients en ménageant, si cela est nécessaire, une entrée spéciale à l'air frais et en ayant recours à un mince jet de vapeur qui, introduit avec cet air dans les cylindres les lubréfierait et éviterait le grippement de ces pièces.

Je suis avec respect, monsieur l'ingénieur en chef délégué, votre très-humble et obéissant serviteur.

Pour le directeur de la compagnie :

L'Ingénieur en chef du matériel et de la traction,

TH. RICOUR.

Lettre de M. LE CHATELIER *à* M. DES ORGERIES, *en date du* 19 *septembre* 1865.

Je vous remercie des renseignements que vous me communiquez relativement à l'emploi de la compression de l'air pour la descente des rampes.

Je crois que l'idée de M. Ricour de faire intervenir la vapeur est très-bonne.

Il faudrait faire arriver à la base du tuyau d'échappement un tuyau fermé par un robinet à la main du mécanicien, de petit diamètre, dans lequel la vapeur, étranglée à la sortie de la chaudière, se dilatera, se refroidira et se condensera en partie.

Les pistons, en aspirant pour refouler ensuite dans la chaudière, trouveront dans le tuyau d'échappement un mélange d'air et de vapeur humide qui, probablement, ne fera plus gripper les pièces.

La quantité de vapeur pourrait même être telle que l'air n'entrât plus dans les cylindres et qu'il y eût constamment un échappement de vapeur par la cheminée : ce serait une sorte de machine à vapeur inverse.

Mais il est probable que la solution pratique est dans un mélange auquel les mécaniciens se feront promptement la main.

Il serait difficile de faire rentrer de l'air frais ; il faudrait pour cela avoir un registre au bas de chacune des branches du tuyau d'échappement ; ces registres fermeraient habituellement mal et le tirage pourrait se trouver sérieusement gêné. D'ailleurs la compression de l'air frais déterminerait toujours une forte élévation de température dans les cylindres.

Au lieu de vapeur, on pourrait peut-être lancer un petit jet d'eau qui, en frappant la paroi du tuyau d'échappement se pulvériserait ; il faudrait que cette eau fût très-propre, et ce serait une complication que de la prendre dans le tender.

En résumé, c'est une question à travailler et qui est en bonne voie.

Lettre de M. Des Orgeries *à* M. Ricour, *en date du* 28 *septembre* 1865.

Je vous prie de vouloir bien apporter le plus grand soin aux expériences que vous devez faire sur l'emploi de la contre-vapeur comme moyen de régulariser la vitesse des trains.

M. Le Chatelier a indiqué plusieurs solutions à étudier; vous avez vous-même proposé une modification au procédé primitif. Je désire que ces expériences soient continuées sans interruption et que vous me teniez au courant des résultats obtenus afin que je puisse les transmettre à M. Le Chatelier.

Extrait d'une lettre de M. Ricour *à* M. Le Chatelier, *en date du* 17 *février* 1866.

. . . .

L'appareil a été en partie modifié : l'appel de l'air se fait toujours par le tuyau d'échappement, mais au lieu d'aspirer de l'air chaud seulement, l'on injecte en même temps dans les cylindres un jet de vapeur afin de lubréfier les pièces frottantes. Ce jet de vapeur placé au bas de la culotte d'échappement se mêle ainsi à l'air aspiré par les cylindres.

Les essais faits avec l'appareil ainsi modifié ont été continués dans le Guadarrama et ont donné des résultats satisfaisants : les pièces frottantes ne s'échauffent plus et les garnitures des presse-étoupes résistent à plusieurs voyages, sans avoir besoin d'être renouvelées.

. . . .

Les oscillations de l'aiguille du manomètre indiquant la contre-pression varient suivant la vitesse du train de 1, 2 et 3 atmosphères; .mais à des vitesses de 35 à 40 kilomètres, il est impossible de noter l'amplitude des oscillations, les mouvements de l'aiguille étant trop précipités. Ces fortes amplitudes semblent démontrer que pour ces vitesses, le réservoir d'air comprimé n'est pas suffisant pour donner une contre-pression à peu près constante.

. . . .

L'augmentation de consommation de combustible a varié dans les essais de 200 à 300 kilogrammes de briquettes dans la descente de la Cañada à Madrid, l'appareil à contre-pression fonctionnant pendant une heure environ, la vitesse variant de 30 à 35 kilomètres.

Les cylindres et tables de tiroirs demandent aussi à être graissés plus souvent et l'augmentation de graissage peut être évaluée pour le même voyage à 1/2 kilog. L'augmentation de dépense par l'emploi du frein à vapeur est donc dans la descente du Guadarrama de :

42f 50	de combustible
2f 50	de graissage
45f 00	

Cette dépense qui serait à peu près la même dans la descente des Pyrénées est trop considérable pour qu'il y ait avantage à appliquer des appareils à vapeur sur toutes les machines circulant sur les deux profils accidentés de la ligne, et à les faire fonctionner d'une manière courante pour les substituer aux freins ordinaires; aussi devons-nous chercher à éviter d'injecter dans les cylindres une aussi forte quantité de vapeur. Je fais continuer les expériences dans ce but, et j'aurai l'honneur de vous faire connaître les résultats.

Pour le directeur de la compagnie :

L'ingénieur en chef du matériel et de la traction,
Th. Ricour.

Lettre de M. Le Chatelier *à* M. Des Orgeries, *en date du* 21 *février* 1866.

J'ai l'honneur de vous accuser réception de votre lettre n° 2.089 du 17 courant.

Je crois vous avoir indiqué, dans ma correspondance antérieure, que c'était *de l'eau* ou de la vapeur qu'il faudrait prendre dans la chaudière pour rafraîchir les cylindres. Je crois qu'un petit filet d'eau projeté par la pression avec violence, et venant frapper une surface opposée, produirait une sorte de brouillard aqueux qui serait plus efficace que la vapeur et qui économiserait la graisse et le combustible.

En tous cas, je ne crois pas que le chiffre de 45 réaux que vous indiquez pour les dépenses soit un obstacle à l'application; c'est, en résumé, 0f10 à 0f15 par kilomètre à dépenser. Il reste à voir si la dépense d'entretien des bandages, lorsqu'on descend avec les freins, n'est pas plus importante que celle des consommations de la machine.

Extrait d'une lettre de M. Des Orgeries *à* M. Le Chatelier, *en date du* 28 *février* 1866.

J'ai l'honneur de vous adresser l'extrait d'une lettre personnelle que M. Ricour m'adresse de Valladolid.

. . . .

Vous trouverez dans le même extrait une indication intéressante relativement à l'emploi de la contre-vapeur. Le service du matériel s'occupe très-sérieusement de cette question, au succès de laquelle s'intéressent vivement les mécaniciens eux-mêmes qui voient souvent leur responsabilité compromise par l'apathie invincible des agents des trains.

Extrait d'une lettre en date du 27 février 1866 de M. Ricour *à* M. Des Orgeries, *annexé à la lettre ci-dessus.*

. . . .

Les essais de la contre-vapeur me conduisent à une solution d'une simplicité extrême : j'avais pensé d'abord que pour éviter l'introduction d'air sec dans les cylindres, il fallait pour faire fonctionner l'appareil de M. Le Chatelier, produire un petit jet de vapeur dans le tuyau d'échappement : *M. Le Chatelier nous engage par sa dernière lettre à remplacer le jet de vapeur par un jet d'eau.*

Je suis conduit au contraire à remplacer le petit jet de vapeur par un jet plus abondant, à supprimer complétement l'appareil de M. Le Chatelier et à faire rentrer dans la chaudière une grande partie de la vapeur que je fais écouler par le tuyau d'échappement. C'est une installation qui coûtera moins de 100 francs par machine et ne donnera lieu à aucune dépense supplémentaire de charbon ou d'huile. J'envoie M. Proveux faire l'essai dans les Pyrénées pendant que je le ferai dans le Guadarrama.

Lettre de M. Le Chatelier *à* M. Des Orgeries, *en date du 3 mars 1866.*

J'ai l'honneur de vous accuser réception de votre lettre n° 2130 me portant copie d'une lettre de M. Ricour, dont un paragraphe nous parle des essais de marche à contre-vapeur dont il s'occupe sur ma demande.

M. Ricour m'avait signalé l'inconvénient de l'introduction de l'air sec dans les cylindres qui produisait très-rapidement le grippement. Je lui avais alors conseillé de saturer l'air d'humidité par un jet d'eau dans le tuyau d'échappement par lequel se fait la rentrée d'air dans la marche à contre-vapeur.

D'après quelques mots qu'il vous a écrits je comprends qu'au moyen d'un petit tuyau portant un robinet ouvert seulement pendant la marche à contre-vapeur, il met en communication le tuyau d'échappement avec l'intérieur de la chaudière même, l'appel du cylindre ne se fait plus dans l'atmosphère, mais dans la chaudière elle-même et qu'alors il arrive au cylindre de l'air mélangé de vapeur. De cette façon on forme un courant complet entre le cylindre et la chaudière, *le régulateur étant ouvert au lieu d'être fermé* *comme dans ma combinaison primitive* (*); et dans la partie supérieure de l'échappement qui reste en communication avec l'atmosphère, il se maintient une colonne d'air qui reste immobile ou du moins oscille peu (voir le croquis ci-dessus).

Si c'est en effet là la solution, je la trouve très-simple ; mais avant que l'on fasse quelque chose *sur une grande échelle*, je serais heureux de recevoir de M. Ricour un mot d'explication précise qui confirme ce que je décris plus haut, si j'ai bien compris; ou qui me donne des explications détaillées de ce que M. Ricour veut faire, si je me suis mépris sur son intention.

Veuillez, je vous prie, lui transmettre mon désir.

Lettre de M. Ricour *à* M. Le Chatelier, *en date du* 8 *mars* 1866.

Les essais de l'emploi de la contre-vapeur que nous avons entrepris d'après vos conseils se font bien exactement comme vous le supposez dans la lettre que vous avez adressée à M. Des Orgeries à ce sujet; d'après le désir que vous avez bien voulu manifester, j'ai l'honneur de vous adresser ci-après quelques explications plus détaillées.

La prise de vapeur se fait sur la boîte du régulateur, à l'aide d'un robinet que le mécanicien manœuvre avec une tringle de transmission, de la même manière que le robinet du souffleur. La vapeur s'échappe dans un tuyau qui contourne la chaudière et aboutit à la base du tuyau d'échappement. L'appel des cylindres se fait ainsi dans la chaudière elle-même dès que le robinet est suffisamment ouvert, le levier de changement de marche se trouvant, selon la résistance qu'on veut obtenir, au troisième, au quatrième ou au cinquième cran de la marche en arrière. Le régulateur est ouvert en grand et la vapeur est refoulée dans la chaudière, de sorte qu'il s'établit un véritable circuit fermé ramenant la vapeur à son point de départ.

Dans le parcours de ce circuit la vapeur absorbe, en réalité, tout le travail qui correspond à la compression qu'elle subit dans les cylindres, de sorte qu'elle revient au point de départ à une température plus élevée : la tension de la vapeur dans la chau-

(*) Les deux passages en italique sont dans l'original écrits en marge de la main de M. Le Chatelier. Le corps de la lettre est d'un expéditionnaire.

dière croît donc en s'élevant, à peu près comme cela se produit, avec une rapidité plus grande, lorsqu'on aspire de l'air sec par les cylindres. — Mais on peut éviter facilement cet inconvénient en faisant sortir de la chaudière plus de vapeur que les cylindres n'en peuvent aspirer; dans ces conditions il arriverait incessamment dans le tuyau d'échappement un petit excès de vapeur s'écoulant dans la cheminée, il n'y aurait plus aucun appel d'air, la tension dans la chaudière étant d'ailleurs maintenue constante par une manœuvre convenable du robinet de prise de vapeur.

Dans un premier essai, ce robinet, qui n'était autre qu'un robinet de souffleur, et le tuyau à la suite, présentaient une section trop faible, les cylindres aspiraient un mélange de vapeur et d'air, et la pression dans la chaudière s'élevait rapidement.

Je fais monter en ce moment un robinet de prise de vapeur de $0^{m},05$ de diamètre avec un tube de $0^{m},045$; c'est un tube à air chaud qui a atteint la limite d'usure; ainsi que je l'ai indiqué plus haut ce robinet est ajusté sur la boîte du régulateur comme un robinet de souffleur et se manœuvre de même: le tube qui fait suite au robinet vient se terminer à la culotte d'échappement. Les dimensions du robinet et du tube sont suffisantes pour que je puisse faire sortir au besoin de la chaudière plus de vapeur que les cylindres n'en peuvent aspirer.

Il est possible que la vapeur par son passage depuis la boîte du régulateur jusqu'au tuyau d'échappement, à travers un tube de laiton, qui n'a pas d'enveloppe, se refroidisse suffisamment, pour que la perte de chaleur fasse compensation avec l'élévation de température produite par la compression dans le cylindre, et qu'ainsi la tension dans la chaudière cesse de monter pour un appel de vapeur moins grand que je n'ai supposé. Dans quelques jours, l'expérience m'aura éclairé sur ce point.

Si les essais réussissent, comme je l'espère, la combinaison de la marche à contre-vapeur avec l'emploi des freins Guérin à sabots en fonte, aura pour effet de faire diminuer, dans une forte proportion, l'usure des bandages de nos tenders et de nos véhicules, usure aujourd'hui extrêmement rapide à cause des plats qui se produisent à la descente des longues pentes du Guadarrama et des Pyrénées. — Le travail de la pesanteur sur ces pentes sera, en quelque sorte, utilisé pour combattre, dans une certaine mesure, les diverses causes de refroidissement de la chaudière au lieu de produire un frottement nuisible sur les roues et les rails.

Lettre de M. Le Chatelier *à* M. Des Orgeries, *en date du 12 mars* 1866.

Je vous remercie de l'envoi que vous m'avez fait de la lettre de M. Ricour.

Je crois qu'il importe de prendre les mesures nécessaires pour que les essais faits par lui soient constatés dans les formes propres à empêcher des prises de brevets en Espagne et en France ou ailleurs. En Espagne je crois qu'il suffit de faire constater la chose par un notaire.

En France il faut une publication ou une communication officielle.

Je crois qu'il faut que, aussitôt que M. Ricour aura fait un essai définitif et que les résultats en seront bien certains, il fasse un rapport sur la question.

Je soumettrai ce rapport au Conseil pour lui faire connaître les résultats obtenus et je me ferai autoriser à l'envoyer au Ministre des travaux publics, qui le fera examiner par la commission des freins, accidents, etc. — Ce sera un bon point dans le dossier de M. Ricour au Ministère.

Je prierai seulement M. Ricour, s'il me nomme à l'occasion du point de départ de cet essai, de me désigner par mon nom seulement ; je ne sais pas si je suis bien en règle pour ce qui concerne le chemin du Nord auprès du Ministère, auquel je ne crois pas avoir notifié ma participation aux affaires espagnoles.

Je ne suis pas bien sûr si M. Ricour ne se trompe pas sur un détail quand il dit : « Le travail de la pesanteur sera en quelque sorte utilisé pour combattre dans une certaine mesure les diverses causes de refroidissement de la chaudière, au lieu de produire un frottement nuisible sur les roues et les rails. »

C'est conforme à la théorie de l'équivalent mécanique de la chaleur, qui veut qu'à une certaine quantité de chaleur dépensée corresponde un certain travail produit, et *vice versâ*. Mais la vapeur pour sortir de la chaudière où elle est à 7 ou 8 atmosphères et tomber brusquement à la pression atmosphérique éprouve un rude frottement et doit laisser en route une bonne partie de la chaleur que la compression lui restitue.

S'il est constaté que, une certaine quantité de la vapeur se perdant par l'échappement, de manière à ce qu'on soit bien assuré qu'il n'entre pas d'air dans le cylindre et que la pression dans la chaudière croisse d'une façon beaucoup plus sensible que lorsque la descente a lieu le régulateur fermé et le levier de changement de marche au point mort, ce sera très-intéressant.

Si le fait est assez saillant, on pourrait faire un essai dans un train à deux machines, en jetant le feu de la machine en expérience au faîte de la chaîne des Pyrénées, ou à la Cañada, la vapeur étant à la pression normale ; si la température et la pression augmentent malgré la perte d'une quantité notable de vapeur par la cheminée, ce sera une des plus curieuses expériences faites sur la théorie mécanique de la chaleur.

Lettre de M. Le Chatelier *à* M. Des Orgeries, *en date du* 14 *mars* 1866.

La dernière lettre de M. Ricour sur les essais de contre-pression nous a complétement renseignés sur l'état de la question. Je crois que l'installation qu'il propose d'un large tuyau amenant la vapeur du régulateur à la base du tuyau d'échappement doit donner de très-bons résultats ; on évitera ainsi l'échauffement du cylindre et l'augmentation croissante de pression dans la chaudière.

Satisfaisant à ce point de vue, ce système le sera moins au point de vue de l'utilisation, théorique pour ainsi dire de la contre-pression. Avec lui, en effet, le piston aura d'un côté la pression de la chaudière ou à peu près qui s'opposera à sa marche et de l'autre côté aussi de la vapeur très-détendue à la vérité et peut-être même à la pression atmosphérique.

La perfection dans l'usage de la contre-pression consisterait à avoir le régulateur ouvert en grand, la marche renversée et le vide derrière le piston, ne pourrait-on pas arriver à ce résultat en fermant aussi hermétiquement que possible le tuyau d'échappement pour empêcher les rentrées d'air aspiré par le piston, on pourrait mettre un tiroir au point du tuyau d'échappement où se réunissent les deux tuyaux venant des cylindres ; ou mieux encore peut-être, mettre deux tiroirs, aussi près que possible de l'orifice d'échappement des cylindres. Cela réduirait l'espace nuisible et permettrait peut-être d'obtenir un vide plus absolu derrière le piston.

Je vous prie de vouloir bien recommander à M. Ricour l'étude de cette solution *à laquelle M. Noblemaire vient de songer et que je m'empresse de vous transmettre* (*).

(*) Les mots en italique sont dans l'original écrits en renvoi de la main de M. Le Chatelier. Le corps de la lettre est d'une autre écriture.

Extrait d'une lettre de M. Ricour *à* M. Le Chatelier, *en date du* 20 *mars* 1866.

. . . .

Je pense que vous lirez avec intérêt les détails qui suivent sur une expérience que j'ai faite le 17 mars dernier.

L'essai a eu lieu..... entre la Cañada et Roblédo.

Le train se composait de dix voitures à voyageurs, deux fourgons et douze wagons *k* chargés. Devant la machine à expérience, se trouvait une machine du même type à six roues couplées.

Cette seconde machine, munie d'un chasse-neige, venait de déblayer la voie. . . . .

. . . .

A la sortie du palier de la Cañada se trouve une pente de 10 millimètres sur environ 2 kilomètres : le train a promptement pris une vitesse convenable : nous avons alors dirigé le courant de vapeur dans le tuyau d'échappement, placé le levier de changement de marche au troisième cran de la marche arrière, ouvert en grand le régulateur. Selon les accidents du profil, nous avons déplacé le levier du troisième au huitième cran, nous avons parfaitement maintenu la vitesse, et l'arrêt dans la gare de Navalpéral s'est fait sans appeler aux freins et sans recourir au frein du tender. Nous avons descendu la pente avec la même régularité que si nous avions gravi une rampe, et nous nous sommes arrêtés avec la même facilité.

La pression de la chaudière a oscillé entre 7 et 7 atmosphères et demie : nous avons fait fonctionner le Giffard pendant ce trajet et nous n'avons rien remarqué de particulier : si les cylindres avaient aspiré de l'air, le Giffard n'aurait pas fonctionné. La pression dans la chaudière était donc bien due à la vapeur, et par suite, malgré l'absence presque totale de feu, la température n'avait pas baissé.

... Au départ de Navalpéral jusqu'à 1 500 mètres de Las Navas, la marche a continué avec la même régularité. L'entrée de la gare de Las Navas est très-dangereuse, parce que cette gare se trouve sur un court palier qui coupe les pentes les plus considérables de la ligne. Nous avons placé le levier au douzième cran, nous étions donc dans les conditions de la pleine contre-vapeur. Malgré cela, la vitesse nous a gagnés : à 800 mètres de la gare, nous avons appelé aux freins, puis nous avons serré le frein du tender : il est probable que les gardes-freins qui depuis la Cañada n'avaient eu rien à faire ne se trouvaient pas à leur poste : le temps était froid et il tombait de la neige.

A l'entrée de la gare nous avons fait signe au mécanicien de la machine de tête, de battre aussi contre-vapeur, ce qu'il a fait et le train s'est arrêté un peu avant l'aiguille de sortie. Sans le secours de la deuxième machine nous dépassions la gare.

La pression de la chaudière était de 7 atmosphères et demie, comme au moment du départ, et le feu était presque éteint. Nous avons alors chargé quelques briquettes pour l'empêcher de s'éteindre tout à fait.

Les couvercles des boîtes des tiroirs étaient très-chauds à la sortie de Las Navas ; nous avons de nouveau dû marcher au douzième cran de la marche en arrière pour maîtriser la vitesse; de petites fuites ont commencé à se produire à la boîte du tiroir de droite; la vapeur sortait bleue. — Au bout de 2 kilomètres environ les garnitures en chanvre se sont brûlées, cependant aucune pièce n'avait grippé ; la chaleur produite était due entièrement à la compression éprouvée par la vapeur dans les cylindres au moment de l'admission directe de la vapeur de la chaudière; j'estime que, le levier étant au douzième cran, la température s'élève subitement à plus de 500 degrés.

Je modifie un peu l'installation primitive de manière à la simplifier encore et à injecter dans le tuyau d'échappement de la vapeur très-humide. J'utilise l'un des robinets réchauffeurs pour la prise de vapeur, de sorte que je n'ai plus aucun robinet nouveau à mettre sur la chaudière.

La dépense des modifications ne dépassera pas 50 francs par machine, et je compte sur une économie de combustible, sur une économie considérable dans les bandages, et enfin sur une sécurité plus grande, parce que nous pourrons nous passer presque complétement de gardes-freins.

Lettre de M. Ricour *à* M. Le Chatelier, *en date du 26 mars* 1866.

Comme suite à ma dernière lettre j'ai l'honneur de vous informer que les nouveaux essais que je viens de faire pour l'emploi de la contre-vapeur sont entièrement concluants.

Le 22 et le 24 mars les trains n°s 2 et 5 ont été faits entre Avila et Madrid et inversement sans qu'aucun frein ait été serré : le mécanicien a ralenti sa marche, s'est arrêté dans les gares, a conduit en un mot son train exactement comme il l'a voulu, aucune pièce de la machine n'a chauffé, aucune garniture n'a fui ; les boîtes des tiroirs et les tiges n'étaient pas plus chaudes lorsque la marche des tiroirs était renversée que lorsqu'elle était directe.

La prise de vapeur est faite au robinet réchauffeur de droite. Le tuyau réchauffeur est remplacé par un tube de plus gros diamètre qui se replie le long de la chaudière et se bifurque sous la boîte à fumée. Chaque branche se termine par un joint placé sur la face inférieure des conduites en fonte qui partent des cylindres et se réunissent dans la culotte d'échappement. Les joints sont placés près des cylindres et j'obtiens par ce moyen la plus grande réserve possible de vapeur dans les conduits de l'échappement. Cette réserve est utile pour couvrir les inégalités qui existent entre les volumes variables aspirés par les cylindres et le volume qui s'écoule de la chaudière avec une vitesse uniforme.

Pour empêcher la température de s'élever dans les cylindres au moment où la vapeur de la chaudière est admise directement dans ceux-ci et vient comprimer brusquement la vapeur aspirée, il est nécessaire que cette dernière vapeur soit chargée d'eau. La chaleur, due au travail de compression, est employée à vaporiser l'eau entraînée. Il faut injecter dans ce but 10 à 15 grammes d'eau par cylindrée.

Pour remplir cette condition, il m'a suffi de faire déboucher, dans mon gros tube de prise de vapeur, le petit tube qui sert à purger le niveau d'eau, la section est juste suffisante pour écouler l'eau nécessaire. Le mécanicien a ainsi sous la main les deux robinets qu'il doit commencer par ouvrir dès qu'il veut renverser la marche. Selon le cran où il place le levier, il ouvre plus ou moins le robinet réchauffeur, de manière à ne pas perdre un trop grand excès de vapeur. Lorsque la perte est faible, on voit la pression s'élever dans la chaudière, ainsi que j'ai eu déjà l'honneur de le faire observer.

Nos machines sont munies d'appareils Giffard, et comme l'eau du tender ne doit pas être chauffée à une température trop élevée, l'un des deux robinets réchauffeurs est entièrement inutile : le mécanicien ne les ouvre jamais simultanément. La destination nouvelle donnée à l'un de ces deux robinets n'offre donc aucun inconvénient.

Je m'empresse aujourd'hui de commencer le rapport qui résumera les expériences faites et les résultats obtenus.

Lettre de M. Le Chatelier *à* M. Des Orgeries *en date du 24 octobre* 1866.

Vous trouverez sous ce pli une lettre et une note de M. Forquenot relatives à la contre-vapeur. — M. Forquenot avait baptisé de mon nom ce système; je l'ai prié de le débaptiser et de l'appeler Nord d'Espagne; — j'ai fait corriger en conséquence la note qu'il m'a remise.

Je vous serai obligé de me dire où nous en sommes, si le personnel a franchement adopté l'usage de la contre-vapeur, si l'inconvénient de l'envoi des matières grasses dans la chaudière que M. Ricour signalait lui-même dans sa lettre du   a disparu — si l'expérience n'a pas enfin montré quelque autre inconvénient.

Je vous prie de me renvoyer les documents inclus dont je n'ai pas gardé copie.

Extrait des Annales des ponts et chaussées, tome XVII, 1869.

Paris. — Imprimerie de Cusset et Cie, rue Racine, 26

APPENDICE.

I. Observations préliminaires.

Nous avons rappelé dans l'INTRODUCTION les termes dans lesquels M. Le Chatelier avait émis deux jugements diamétralement opposés, sans compter les intermédiaires, au sujet de la part qu'il attribue à M. Ricour dans la découverte du tube d'inversion, le premier antérieur et le second postérieur au succès bien constaté de cette transformation de la machine locomotive.

Rappel des opinions contradictoires de M. Le Chatelier.

L'une au moins de ces deux opinions extrêmes est nécessairement erronée.

S'il s'agissait d'une simple question personnelle, elle offrirait un bien mince intérêt au lecteur; mais les deux opinions extrêmes de M. Le Chatelier se rattachent à des considérations théoriques encore peu répandues et dont la vulgarisation est à l'ordre du jour. Les développements qui vont suivre offriront à ce point de vue quelque utilité.

C'est en nous tenant autant que possible sur le terrain de la théorie et des expériences que nous examinerons les idées qui se sont fait jour : toutefois, pour circonscrire le débat dans des limites fort étroites et bien définies, et pour arriver droit au but sans laisser aucune issue à de vagues hypothèses, une observation préliminaire est indispensable.

Éléments de la question de priorité.

Beaucoup de personnes pensent que M. Le Chatelier, en sa qualité d'*ingénieur en chef délégué*, a dû se rendre quelquefois en Espagne, et que ses deux lettres du 19 *septembre* 1865 et du 21 *février* 1866 sont des documents isolés que des instructions verbales ont pu compléter.

Il n'en est rien :

M. Le Chatelier résidait à Paris et n'a jamais parcouru le chemin de fer du Nord de l'Espagne. Il n'a jamais assisté à aucune expérience.

M. Ricour résidait à Madrid et toutes les expériences ont eu lieu entre Avila et Madrid.

Aucune communication verbale n'a été échangée ; les deux lettres du 19 *septembre* 1865 et du 21 *février* 1866 renferment absolument toutes les indications par lesquelles M. Le Chatelier a complété son programme du 28 juillet 1865.

II. PREMIÈRE PHASE DES EXPÉRIENCES.

APPAREIL DE M. LE CHATELIER

(*Système de Bergue simplifié*).

Ces préliminaires nettement établis, nous examinerons avec détail la première phase des expériences ouverte le 28 juillet 1865 et close par M. Le Chatelier le 21 février 1866. Quelques figures intercalées dans le texte rendront cet exposé plus clair.

Appareil de Bergue.

Les inconvénients connus de la marche à contre-vapeur sont les suivants :

1° Les gaz aspirés par les cylindres font monter la pression de la chaudière d'une manière dangereuse.

2° Les pistons, les cylindres et les tiroirs s'échauffent et sont exposés à gripper.

M. de Bergue a imaginé un appareil qui remédie à chacun de ces deux inconvénients.

Appareil de M. DE BERGUE.

Fig. *a*.

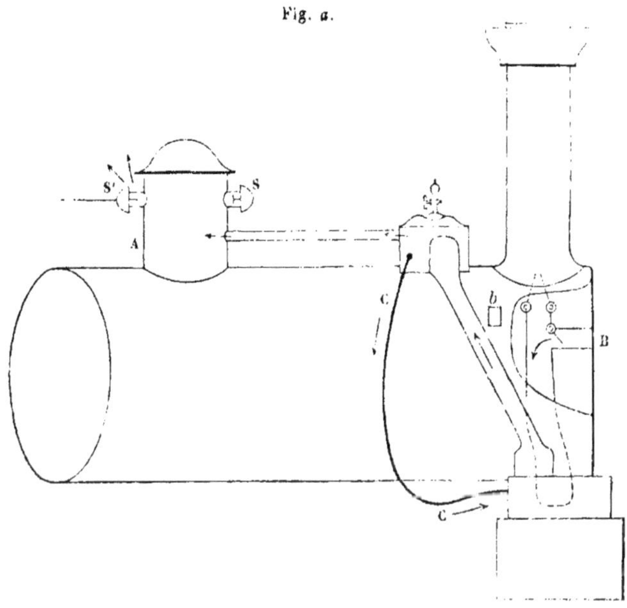

1° Les gaz aspirés par les cylindres sont rejetés dans l'atmosphère après avoir été refoulés dans une petite chaudière spéciale A dont la pression est réglée par des soupapes S,S'.

2° L'échauffement des cylindres est combattu par un appel d'air frais B dans la tuyère de l'échappement et par un petit jet de vapeur CC aboutissant sur la boîte du tiroir et se mélangeant avec l'air comprimé.

Tel est l'appareil de M. de Bergue.

La *fig. b* reproduit ci-après l'appareil de M. Le Chatelier, tel qu'il est décrit dans le programme du 28 juillet 1865 et dans l'acte notarié du 29 août 1865.

Appareil de M. Le Chatelier. Programme du 28 juillet 1865.

Appareil de M. Le Chatelier, *tel qu'il est décrit dans le programme du* 28 *juillet* 1865 *et dans l'acte notarié du* 29 *août* 1865.

Fig. *b*.

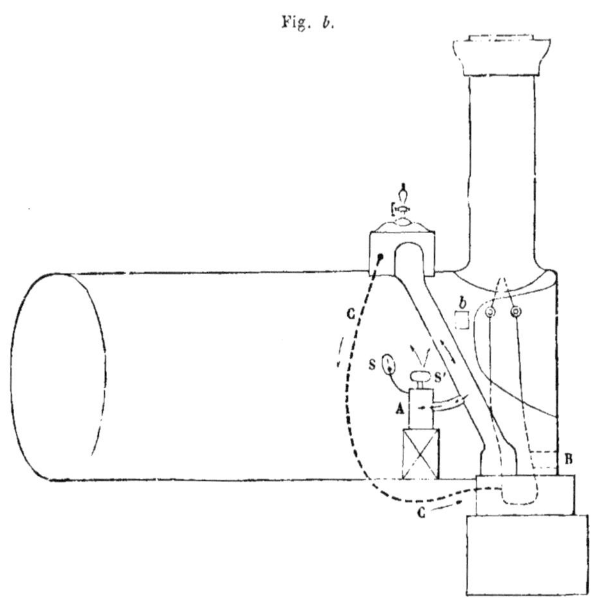

On reconnaît à l'inspection de la *fig. b* que le principe de cet appareil est exactement le même que celui de l'appareil de Bergue.

1° Le refoulement des gaz dans la chaudière est évité par l'ajutage à soupape A, appliqué sur le tuyau de prise de vapeur entre le cylindre et le régulateur, et permettant de régler à volonté la contre-pression qu'un manomètre S fait connaître à chaque instant. La soupape d'évacuation de l'air S' doit être fermée graduellement de manière à créer en arrière du piston, d'après M. Le Chatelier, une résistance effective de $\frac{1}{2}$, 1, 2 atmosphères, tandis que la pression dans la chaudière est de 7 à 8 atmosphères.

2° L'échauffement des cylindres doit être combattu par l'ouverture du registre de rentrée d'air *b*, et par tous les moyens propres à ralentir la combustion. L'appel d'air frais B et le jet de vapeur CC sont indiqués éventuellement.

Tel est le programme du 28 juillet 1865.

Premières expériences avec l'appareil de M. Le Chatelier. Lettre du 14 septembre 1865.

Les expériences sont conduites suivant la voie ouverte par le programme de M. Le Chatelier, et M. Ricour rend compte par la lettre du 14 septembre des résultats obtenus. La *fig. c* reproduit ci-dessous l'appareil de M. Le Chatelier tel qu'il est décrit dans cette lettre du 14 septembre :

Appareil de M. Le Chatelier, tel qu'il est décrit dans la lettre du 14 septembre 1865 de M. Ricour, à laquelle répond directement la lettre du 19 septembre 1865 de M. Le Chatelier.

Fig. *c*.

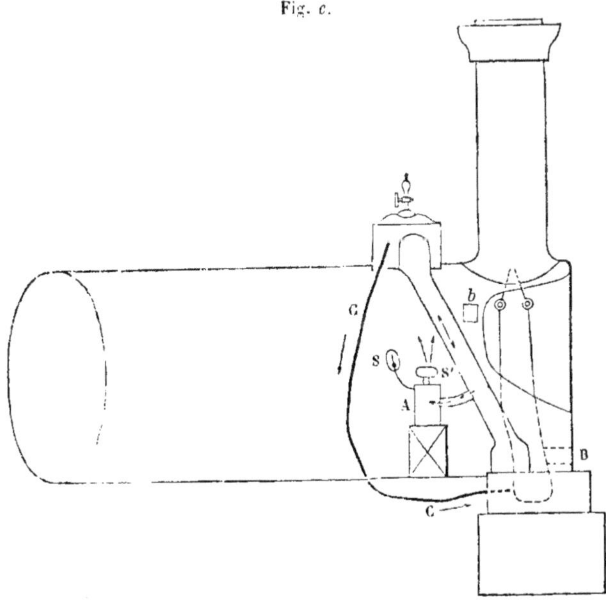

1° L'ajutage A régulateur de la contre-pression et la soupape de décharge des gaz refoulés S' avaient convenablement fonctionné. Le ralentissement était doux et sans secousses. La contre-pression de l'air était maintenue à 4 atmosphères ; elle était arrivée accidentellement à 6, ce qui créait en arrière des pistons une résistance effective de 3 à 5 atmosphères.

2° L'échauffement des cylindres n'avait pas été évité, malgré l'ouverture du registre d'air *b* et de la porte du foyer.

Injection de vapeur.

Pour compléter l'appareil, M. Ricour proposait *l'injection d'un mince jet de vapeur à mélanger avec l'air dans les cylindres afin d'éviter le grippement des pièces.*

Appel d'air frais.

L'appel d'air frais B était indiqué éventuellement.

Réponse du 19 septembre de M. Le Chatelier.

Cette lettre du 14 septembre arrive à Paris : elle annonce à M. Le Chatelier le succès de son ajutage ou soupape de décharge de l'air refoulé : l'excès de pression de la chaudière était évité, il restait à combattre l'échauffement des cylindres pour remplir le programme du 28 juillet. (Voir *fig. b.*)

Que le lecteur se place maintement au point de vue où se trouvait M. Le Chatelier en répondant le 19 septembre à cette lettre du 14 septembre; qu'il suive sur la *fig. c* les indications que cette réponse développe et qu'il examine le texte complet sans supprimer les §§ qui relient cette réponse au document qui précède, il ne pourra se tromper sur l'ordre d'idées dans lequel elle est rédigée :

La voie est toujours la même; elle est à moitié parcourue.

Injection de vapeur.

Libre du côté de la chaudière, M. Le Chatelier examine les deux moyens proposés pour compléter son appareil.

L'idée du *mince jet de vapeur qui, introduit avec l'air dans les cylindres, évitera le grippement des pièces* lui paraît très-bonne. Elle est reproduite par lui dans des termes presque identiques : *les pistons* en aspirant pour refouler ensuite dans la chaudière *trouveront — un mélange d'air et de vapeur humide qui probablement ne fera plus gripper les pièces.*

Mais ce mélange d'air et de vapeur, que devient-il? Peut-il entrer dans la chaudière?

M. Le Chatelier nous donne lui-même la réponse dans son programme du 28 juillet 1865 qui était à moitié rempli par le succès de l'ajutage de décharge A :

« *C'est par erreur* que j'ai dit en commençant que le

« mécanicien devait suivre la marche du manomètre de la « chaudière : il faudra pour vos rampes de 15 millimètres « une faible pression d'air derrière le piston, et *l'air n'en-* « *trera pas dans la chaudière par le régulateur qu'il ne* « *pourra pas soulever.* »

Bien que cette erreur soit évidente, M. Le Chatelier a soin de rappeler de nouveau le 3 mars suivant que dans sa combinaison le régulateur restait fermé (*).

Cette erreur relevée par M. Le Chatelier lui-même renfermait-elle à l'insu de son auteur une solution possible comme il l'a prétendu plus tard? Le cas serait étrange! Mais nous verrons plus loin que la nouvelle interprétation donnée à la lettre du 19 septembre, prise isolément, n'est pas plus heureuse que l'interprétation vraie. En ce moment, nous voulons exposer simplement la manière dont les idées se sont réellement fait jour, sauf à nous livrer plus loin à l'examen des idées émises dans l'ouvrage auquel nous répondons. Nous tiendrons cette promesse.

Revenons à la réponse du 19 septembre de M. Le Chatelier, et lisons jusqu'au bout cette réponse.

En développant d'abord la proposition faite par M. Ricour de compléter l'appareil par un *mince jet* de vapeur (V. *fig. c*), M. Le Chatelier recommande l'emploi d'un tuyau de *petit diamètre* CC qui dépensera peu de vapeur : l'idée lui vient que cette dépense pourrait augmenter au point d'exclure l'air. On aurait alors une machine dans laquelle l'air n'entrerait plus, une sorte de machine à vapeur inverse, c'est-à-dire une machine qui dépenserait de la vapeur en résistant au lieu de tirer. Quelle autre préoccupation que celle d'économiser la vapeur fait aussitôt repousser cette idée et dire que la solution pratique est dans un *mélange d'air* et de vapeur?

L'examen du deuxième moyen, l'appel d'air frais B — Appel d'air frais.

(*) Voir sur la photographie de la lettre du 3 mars 1866, le passage écrit de la main de M. Le Chatelier.

(V. *fig.* c) proposé éventuellement pour compléter l'appareil, est poursuivi par M. Le Chatelier exactement dans le même ordre d'idées. — L'air frais est-il repoussé parce que les inconvénients de l'excès de pression dans la chaudière si bien décrits dans le programme du 28 juillet se produiraient aussitôt avec toute leur intensité? Non : l'air frais est repoussé à cause de la difficulté de ménager l'entrée dans l'échappement, et à cause de l'échauffement des cylindres. Il n'est pas dit un mot de la chaudière, par la raison très-simple que l'air ne peut pas rentrer dans la chaudière par le régulateur qu'il ne peut pas soulever, et qu'il s'échappe au contraire dans l'atmosphère par l'ajutage régulateur A dont M. Le Chatelier venait d'apprendre le bon fonctionnement.

Quel est le lecteur qui pourra se figurer que M. Le Chatelier, en discutant le moyen pratique de produire un appel d'air frais, a pu supposer un seul instant que l'ajutage régulateur A était supprimé?

Petit jet d'eau au lieu de vapeur. Eau très-propre. Tender.

C'est aussitôt après ce § relatif à l'appel d'air frais que M. Le Chatelier ajoute : « *au lieu de vapeur*, on pourrait « peut-être lancer *un petit jet d'eau* qui en frappant la paroi « du tuyau d'échappement *se pulvériserait.* »

Comme cela est évident par le texte même, et comme M. Le Chatelier l'explique avec clarté le 3 mars (*) suivant, ce petit jet d'eau était destiné à *saturer l'air d'humidité*, et cet air devait nécessairement être rejeté dans l'atmosphère.

Enfin, ce filet d'eau qui doit saturer l'air et *se pulvériser*, où donc M. Le Chatelier va-t-il le chercher? C'est dans le tender qu'il voudrait le prendre, si ce n'était une complication.

L'eau du tender est froide, ne l'oublions pas.

(*) Lettre du 3 mars : « M. Ricour m'avait signalé l'inconvénient « de l'introduction de l'air sec dans les cylindres, qui produisait très- « rapidement le grippement. Je lui avais alors conseillé de *saturer* « *l'air d'humidité* par un jet d'eau dans le tuyau d'échappement par « lequel se fait la rentrée d'air dans la marche à contre-vapeur. »

Les expériences se continuent dans la même voie et elles mettent en lumière des résultats intéressants.

Nouvelles expériences avec l'appareil de M. Le Chatelier complété. Mélange d'air et de vapeur.

M. Le Chatelier prévoyait que la solution pratique du problème consisterait dans un mélange d'air et de vapeur : mais il n'en avait pas moins émis l'idée que l'injection de vapeur pourrait être augmentée au point d'exclure l'air des cylindres.

Exclusion de l'air. Vérification de l'opinion émise par M. Le Chatelier.

Il était utile de vérifier si cette idée, malgré la condamnation dont elle était frappée à l'avance, ne pouvait pas conduire à une solution pratique.

L'expérience avait démontré que l'échauffement des cylindres était d'autant plus rapide que la contre-pression indiquée par le manomètre S (voir *fig. c*) était plus forte.

M. Le Chatelier constate lui-même que cette vérification a eu lieu en Espagne.

Avec l'injection de vapeur seule n'était-il pas permis d'espérer que cette contre-pression pourrait être augmentée dans une certaine mesure? Il y avait là un point de vue important, et c'est dans l'ouvrage même de M. Le Chatelier que nous trouvons les instructions que M. Ricour a données dans ce sens et les expériences qui ont été faites sous sa direction.

« M. Ricour (*) adopte surtout l'idée d'envoyer de la va-
« peur seule en la maintenant en excès dans le tuyau
« d'échappement ;..... au *mince jet de vapeur* du rapport
« du 14 septembre se trouve substituée une injection de
« vapeur en plus ou moins grande proportion ou même en
« excès. — Le 15 novembre, un robinet et un tuyau de
« plus grande section sont installés et une nouvelle expé-
« rience est faite avec air et vapeur ou *vapeur seule*, elle
« est répétée les 17, 18 et 19 suivants.....

« Il paraît ressortir des détails consignés dans les rapports
« des agents préposés aux essais qu'en novembre et janvier
« on a généralement marché avec de la vapeur seule. »

Les instructions données par M. Ricour à M. Germon,

(*) Voir pages 161, 162, 165 de la brochure.

ingénieur sous ses ordres, n'étaient pas moins claires :
« L'aspiration produite par les cylindres ferait entrer
« cette vapeur derrière les pistons et l'on serait à l'abri des
« inconvénients que produit l'air chaud chargé de cendres :
« on marcherait ainsi bien réellement à contre-vapeur avec
« le régulateur fermé. — Cette vapeur introduite par le
« tuyau d'échappement traverserait les cylindres et serait
« refoulée dans le tuyau de frein de vapeur *où on règlerait*
« *la contre-pression* à l'aide de la soupape que vous avez
« installée sur ce tuyau de prise de vapeur. »

Résistance et chaleur croissant parallèlement.

C'était à l'expérience à démontrer jusqu'à quel point cette contre-pression pouvait monter lorsque la vapeur était surabondante : cette contre-pression si nécessaire pour créer une résistance, mais si nuisible par la chaleur qu'elle engendrait, cette contre-pression était observée avec le plus grand soin depuis l'origine des essais : *résistance* et *chaleur croissaient* toujours *parallèlement.* Une personne étrangère à ces essais pouvait seule perdre de vue le point capital. L'orifice d'évacuation, S', était fermé graduellement, la contre-pression s'élevait à mesure : mais dès qu'elle se rapprochait de la pression de la chaudière, les garnitures brûlaient, les tiroirs s'échauffaient, etc.

C'est dans l'ouvrage même de M. Le Chatelier, aux pages 162 et 163, qu'il faut lire la relation des expériences qui ont démontré que, malgré l'exclusion de l'air, l'échauffement des cylindres et des tiroirs se produisait à peu près comme avec le mélange d'air et de vapeur dès que la contre-pression s'élevait notablement : elles ne conduisaient pas à une solution pratique, et les prévisions de M. Le Chatelier se trouvaient vérifiées.

Lettre du 17 février 1866. Description de l'appareil de M. Le Chatelier complété.

C'est à la suite de ces expériences que M. Le Chatelier reçoit la lettre de M. Ricour du 17 février 1866. M. Ricour, en rendant compte des résultats obtenus, rappelait les indications de sa lettre du 14 septembre précédent : l'appareil avait été complété comme l'indique la *fig. d* ci-après.

Appareil de M. Le Chatelier *tel qu'il est décrit dans la lettre du* 17 *février* 1866 *de* M. Ricour, *à laquelle répond directement la lettre du* 21 *février* 1866 *de* M. Le Chatelier.

Fig. *d*.

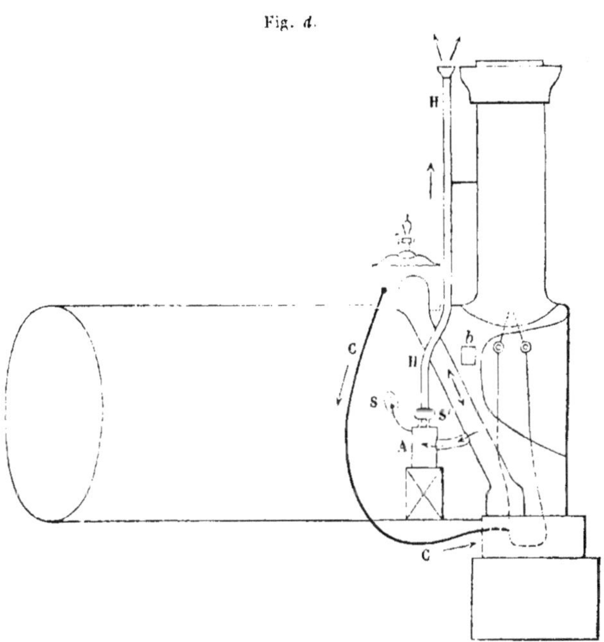

L'appareil fonctionne : les deux inconvénients de la marche à contre-vapeur sont combattus, mais l'attention de M. Le Chatelier est appelée sur l'insuffisance du réservoir des gaz refoulés. Le réservoir, réduit à l'ajutage A, aux boîtes des tiroirs et aux conduits d'amenée de la vapeur, ne comprend pas plus de 70 à 80 litres dans l'appareil de M. Le Chatelier (*fig. d*), tandis que dans l'appareil de M. de Bergue, le réservoir offre une capacité de 250 à 300 litres (*fig. a*) ou même davantage.

Insuffisance du réservoir régulateur de la contre-pression.

M. Ricour signale d'autre part la dépense de vapeur qu'il juge trop considérable pour qu'il y ait lieu d'appliquer l'appareil nouveau.

Dépense de vapeur. Obstacle à l'application.

Réponse du 21 février de M. Le Chatelier.

Que répond M. Le Chatelier? La question est exposée par M. Ricour exactement de la même manière que le 14 septembre précédent, avec cette différence que l'insuffisance du réservoir des gaz comprimés est signalée, et que la dépense de vapeur se perdant dans l'atmosphère est présentée comme un obstacle à l'application de l'appareil.

M. Le Chatelier, dans sa réponse du 21 février, se reporte à sa correspondance antérieure, c'est-à-dire à sa lettre du 19 septembre précédent, pour rappeler qu'un petit filet d'eau serait plus efficace et plus économique que la vapeur. — Cette fois, c'est dans la chaudière que l'eau devrait être prise, — il n'est plus question du tender. — Notons en passant cette différence.

L'abandon du réservoir régulateur de la contre-pression est-il conseillé? Nullement.

Mais alors quelle signification peut avoir le paragraphe de cette réponse du 21 février reproduit isolément au bas de la page 12 de la brochure? « Je crois, dans ma correspondance antérieure, vous avoir indiqué que c'était DE L'EAU ou de la vapeur qu'il faudrait prendre, etc. » Au moment où M. Le Chatelier croyait que la dépense de vapeur n'était pas un obstacle à l'application de son appareil, a-t-il voulu parler d'un appareil autre que celui dont il venait de lire la description? Cela est tout d'abord invraisemblable ; car le numéro et la date de la lettre à laquelle il répond sont rappelés, et c'est justement le même chiffre de 45 réaux cité par M. Ricour, qui est mis en parallèle avec la dépense d'entretien des bandages; mais voici en outre une réponse formelle à cette question.

C'est la présence de l'ajutage A (*fig. d*) qui exige que le régulateur reste fermé : c'est par cet ajutage que la vapeur et l'air s'échappent dans l'atmosphère. Eh bien ! nous verrons le 3 mars, c'est-à-dire dix jours plus tard, au moment où la solution nouvelle est annoncée, M. Le Chatelier rappeler de son propre mouvement que dans sa combinaison primitive le régulateur était fermé; par conséquent, le maintien de son appareil, complété par le jet de vapeur CC et une cheminée spéciale d'évacuation HH (*fig. d*) n'avait pas échappé à son attention, le 21 février précédent, et c'était bien l'application de l'appareil de Bergue simplifié que cette lettre conseillait.

Au surplus, nous ne pouvons que répéter ce que nous avons dit déjà dans l'INTRODUCTION; il suffit de lire et de comparer les deux lettres du 17 et du 21 février. L'une explique l'autre, et la lettre du 3 mars fournit un argument sans réplique. M. Le Chatelier n'a pas entendu parler d'un appareil autre que celui qui était décrit par M. Ricour, *fig. d*.

Ainsi le simple examen sans omission d'aucun paragraphe des deux seules lettres du 19 septembre et du 21 février, par lesquelles M. Le Chatelier a completé son programme du 28 juillet (voir *fig. b, c, d*), fait justice de cette prétention, que ces deux lettres se rapportaient à *un sujet entièrement neuf*, qu'elles constituaient un *programme* étranger aux expériences faites avec l'appareil de Bergue simplifié.

Cette conclusion renverse par la base toute l'argumentation de M. Le Chatelier qui se trouve condensée dans les 15 premières pages de sa brochure.

Examen de la première revendication de M. Le Chatelier.

Nous venons d'exposer comment les idées se sont fait jour; allons maintenant au vif de la question de priorité, telle qu'elle a été présentée à deux époques différentes, de deux manières différentes aussi, et rappelons l'argument le plus fort produit par M. Le Chatelier, à la date du 5 mai 1866, lorsqu'il a soulevé, pour la première fois, cette question (*).

« Le 28 juillet, je recommandais d'ouvrir très-largement « la rentrée d'air dans la boîte à fumée (voir *fig. b*), et si « l'expérience montrait que cela ne suffisait pas, j'indi- « quais l'injection à la base du tuyau d'échappement d'un « courant de vapeur venant de la chaudière.

(*) Voir page 183 de la brochure.

« Le 19 septembre, j'indiquais qu'au besoin on pourrait « injecter une quantité de vapeur suffisante pour que l'air « n'entrât plus dans les cylindres, et qu'il y eût constam- « ment un échappement de vapeur par la cheminée.

« *L'expérience montrant que le mélange de la vapeur « avec l'air ne suffisait pas pour empêcher l'échauffement,* « et qu'il fallait exclure les gaz de la boîte à fumée des « cylindres par l'injection d'une quantité surabondante de « vapeur dont l'excès s'échapperait par la cheminée, *il allait « de source qu'il fallait fermer les orifices d'émission de la « vapeur comprimée dans l'atmosphère* (voir *fig. c*), *et ouvrir « le régulateur pour la faire rentrer dans la chaudière,* au « lieu de continuer de brûler du combustible pour la pro- « duire. »

Il n'échappera pas au lecteur attentif que, d'après cette première revendication de M. Le Chatelier, M. Ricour aurait dû voir que les orifices d'émission S′ (voir *fig. c*) devaient être fermés, après qu'il aurait reconnu par expérience que le mélange de la vapeur avec l'air ne suffisait pas pour empêcher l'échauffement. Or à la date du 19 septembre, aucune expérience n'avait été faite avec un tel mélange. Il était donc bien évident que, dans la pensée de M. Le Chatelier, l'appareil que M. Ricour proposait de compléter devait être expérimenté. C'est ce que nous avons déjà mis hors de doute (*).

(*) La lettre du 19 septembre disait : « mais il est probable que la solution pratique est dans *un mélange* auquel les mécaniciens se feront promptement la main. »

Une note au bas d'une page est quelquefois précieuse : voir page 156 de la brochure.

Dans sa nouvelle revendication, M. Le Chatelier base en partie son argumentation sur ce que, dans la lettre du 19 septembre, il a reproduit, dans une phrase incidente, les mots *dans la chaudière* à propos d'un *mélange d'air* et de vapeur, sans constater qu'ils s'y trouvent par une erreur évidente, exactement comme dans son programme du 28 juillet.

Or, dans les extraits publiés à la suite du premier mémoire de

Lorsque M. Le Chatelier écrivait les lignes que nous venons de transcrire, pour revendiquer, à la date du 5 mai 1866, la priorité en sa faveur, il ignorait, comme il le constate à la page 160 de son livre, les expériences qui avaient eu lieu en Espagne pendant les mois de novembre 1865 et de janvier 1866. Ces expériences, rapportées par M. Le Chatelier lui-même, avaient démontré que malgré l'injection surabondante de vapeur les garnitures étaient brûlées, dès que la contre-pression s'élevait au point de se rapprocher de celle de la chaudière. Il était dès lors impossible de marcher à contre-vapeur en fermant la soupape d'évacuation S' (voir *fig. d*) et en ouvrant le régulateur, ce qui aurait produit une contre-pression permanente égale à celle de la chaudière. On était forcément ramené à la solution pratique prévue par M. Le Chatelier, au mélange d'air et de vapeur, comme l'exposait la lettre du 17 février 1866 de M. Ricour.

L'argument que M. Le Chatelier produisait le 5 mai 1866 avant de connaître les expériences qui avaient eu lieu se trouve renversé de fond en comble depuis qu'il a reconnu dans quel ordre d'idées les expériences avaient été conduites pendant les mois de novembre 1865 et de janvier 1866.

M. Ricour, extraits copiés postérieurement au 5 mai 1866 sous les yeux de M. Le Chatelier, qui voulait établir que c'était lui-même qui avait trouvé la solution complète du problème, ces mots *dans la chaudière* ont été supprimés.

Dans le système de revendication alors développé par M. Le Chatelier, cette suppression était tout à fait rationnelle, — c'était une rectification sans grande importance. — M. Ricour était d'ailleurs persuadé que les extraits à publier dont il avait reçu communication étaient entièrement conformes au texte des originaux.

Le lecteur sait que la note au bas de la page 156 de la brochure attribue aujourd'hui cette suppression *à une erreur d'un expéditionnaire du bureau de Paris*, et déclare que ces mots, dont la suppression avait pu au moins passer inaperçue en 1866, sont essentiels pour l'intelligence des instructions de M. Le Chatelier. C'est ce que nous verrons dans le nouveau système de revendication développé par M. Le Chatelier en 1869.

Nouvelle revendication de M. Le Chatelier.

M. Le Chatelier s'est trouvé dès lors dans la nécessité de présenter sa nouvelle revendication sous une forme différente : comme nous l'avons promis, nous suivrons encore M. Le Chatelier sur ce nouveau terrain. Mais comme trois années se sont écoulées depuis nos expériences, une grande attention sera nécessaire aussi bien de la part du lecteur que de la nôtre.

En effet, le point de vue change à mesure que la question est mieux éclairée par ces expériences, et, sans une attention soutenue, nous ne serions pas en garde contre le danger de citations isolées dont le sens est entièrement changé avec le point de vue où l'on se trouve placé.

A la page 12 de son livre, M. Le Chatelier reproduit par extraits en caractères spéciaux ses deux lettres du 19 septembre 1865 et du 21 février 1866. Examinons d'abord les pàssages omis. Qui ne sait que dans les citations incomplètes les passages omis sont quelquefois les plus importants?

C'est d'abord le commencement et la fin qui rattachent la lettre du 19 septembre à celle de M. Ricour du 14 septembre (voir *fig. c*) et qui peuvent faire soupçonner, d'une part, qu'il est question de l'appareil de Bergue, et, d'autre part, que *cette question est en bonne voie;*

C'est ensuite le passage caractéristique qui ne considère pas comme pratique une dépense de vapeur suffisante pour constituer une machine à vapeur inverse ;

C'est enfin le passage relatif à l'air frais, lequel ne laisse aucun doute sur le maintien de l'ajutage régulateur A (voir *fig. c*) et ces deux lignes : *il faudrait que cette eau fût très-propre et ce serait une complication que de la prendre dans le tender.*

Dans la lettre du 21 février, reproduite aussi à la même page 12, les passages omis sont encore le commencement et la fin. Le commencement constate que cette lettre du 21 février répond à celle de M. Ricour du 17 février (voir *fig. d*) et la fin constate que M. Le Chatelier, malgré les objections qui lui sont faites, conseille l'application de ce même appareil.

Caractère commun des paragraphes omis à la page 12 de la brochure.

Ces passages omis, au nombre de huit, présentent cette singulière coïncidence que chacun d'eux aurait pour effet de rappeler l'appareil de Bergue simplifié, et que les passages conservés, au contraire, peuvent tous se rapporter aussi bien au tube d'inversion qu'à l'appareil de Bergue simplifié.

Grâce à ces éliminations, il semble qu'en effet ces deux lettres ne se rattachent par aucun lien aux expériences faites avec l'appareil dont elles consacrent l'application,

Une fois ces liens rompus, M. Le Chatelier n'est plus retenu par son programme du 28 juillet ; il n'est plus question de l'ajutage régulateur de la contre-pression qui protége la chaudière contre la rentrée de l'air; M. Le Chatelier renvoie, au contraire, *tout* dans la chaudière, y compris *même l'air*, et c'est M. Ricour (*) qui ne s'est pas rendu compte de ce revirement.

Nous devions mettre le lecteur en garde contre les omissions au nombre de huit que nous avons relevées, parce que les passages omis à la page 12 du livre de M. Le Chatelier existent bien réellement dans les deux lettres du 19 septembre et du 21 février, et que ces passages expliquent pourquoi M. Ricour n'a pas compris et pourquoi personne, à notre sens, n'aurait pu comprendre un tel revirement.

Nouvelle interprétation des paragraphes publiés à la page 12 de la brochure.

Le raisonnement n'est plus le même, on le voit, qu'au

(*) Voir page 156 de la brochure. J'arrive à formuler un *programme très-complet* : ce *programme* a fait l'objet de *ma lettre du* 19 *septembre* 1865.

Je renvoyais TOUT dans la chaudière, y compris *même l'air* mélangé à la vapeur, ce qui impliquait l'usage, pour l'alimentation, de la *pompe ordinaire*, ... *malgré l'adoption générale de l'injecteur Giffard, etc.*

Ce *programme* d'essais qu'on allait entreprendre sur un sujet *entièrement neuf, etc.*

mois de mai 1866. Grâce à cette nouvelle interprétation de la lettre du 19 septembre, ce n'était plus par des expériences graduelles que M. Ricour pouvait arriver à augmenter la proportion de vapeur au point d'exclure l'air et à faire monter ensuite la contre-pression en fermant l'orifice d'évacuation S' de manière à ramener la vapeur dans la chaudière. C'était subitement, sans préoccupation aucune, que M. Ricour devait supprimer l'appareil régulateur A qui avait bien fonctionné et refouler tout dans la chaudière, même l'air mélangé de vapeur. — Refouler TOUT dans la chaudière, *même l'air* mélangé de vapeur! dût-on abandonner l'appareil Giffard et revenir à la pompe ordinaire! Cela est répété deux fois dans la brochure publiée par M. Le Chatelier, le même qui avait écrit le programme du 28 juillet, et cela est présenté comme la base d'un programme nouveau, longtemps incompris par tout le monde, et renfermant virtuellement la solution complète du problème de la marche à contre-vapeur!

Si grande que soit l'autorité de M. Le Chatelier, nous n'avons jamais regardé cette autorité comme infaillible, et nous répondons que M. Le Chatelier ne s'est pas rendu compte des effets que produirait, dans les tiroirs et la chaudière, le refoulement à pleine pression d'un mélange d'air et de vapeur. S'il voulait tenter une telle expérience sur les grandes pentes du Guadarrama ou des Pyrénées, il reconnaîtrait bien vite que son programme du 28 juillet, complété par ses lettres du 19 septembre et du 21 février, était infiniment plus sensé que le prétendu programme nouveau, si laborieusement extrait de quelques paragraphes isolés de ces deux dernières lettres.

Question théorique.

L'erreur dans laquelle M. Le Chatelier est tombé soulève néanmoins une question théorique d'un véritable intérêt : Est-il possible de marcher à contre-vapeur sur de fortes pentes, le régulateur ouvert en grand, non en aspirant un mélange d'air chaud et de vapeur, ce qui ne mérite pas examen, mais en aspirant de la vapeur seule en quantité suffisante pour exclure l'air? Si la réponse est négative, M. Le Chatelier reconnaîtra peut-être que sa nouvelle revendication est basée sur une erreur théorique, comme sa revendication précédente était basée sur une erreur de fait.

Les explications qui vont suivre sont fondées sur la théorie mécanique de la chaleur. Que le lecteur se reporte à la *fig.* 12 de la planche. Voici à quelle phase de la marche à contre-vapeur cette figure correspond :

Le piston vient de comprimer la vapeur aspirée, et, grâce à la chaleur équivalente au travail dû à cette compression, la température de la vapeur dans le cylindre diffère peu de celle de la chaudière; mais la pression est notablement inférieure, 1 at. 60 par exemple, tandis que la pression de la chaudière est de 8 at.

La lumière d'admission va s'ouvrir; elle s'ouvre rapidement, et les pressions dans le cylindre et la chaudière s'équilibrent.

Pour simplifier le problème, nous admettrons que les parois ne conduisent pas la chaleur.

Il y a dans le cylindre un mélange général de la vapeur aspirée et de la vapeur sortie de la chaudière.

Soit P le poids sorti de la chaudière, p le poids correspondant à *l'espace nuisible* et p' le poids de la vapeur aspirée. Le poids total du mélange est : $P + p + p'$.

En sortant de la chaudière, le poids P de vapeur a emporté d'abord toute sa chaleur propre, et en outre il a emporté sous forme de puissance vive le travail dépensé par la vapeur de la chaudière pour le faire sortir.

Appelons M la quantité de chaleur équivalente à ce travail : cette quantité de chaleur se répartit sur la masse totale de la vapeur comprise entre la table du tiroir et le piston.

La chaleur qui est en moins dans la chaudière est en

plus dans le cylindre. Il n'y a que transvasement, en quelque sorte, il n'y a ni augmentation ni diminution d'une manière absolue ; mais il y a rupture dans l'équilibre des températures, comme dans l'expérience des vases communiquants de M. Regnault, en même temps que l'équilibre des pressions s'établit.

Pendant la période de pleine admission, la vapeur est refoulée dans la boîte du tiroir en attendant que la lumière d'admission, après s'être fermée, s'ouvre de nouveau au coup de piston suivant. Le travail de refoulement se répartit sur la masse totale de vapeur de la chaudière sans occasionner une élévation nuisible de la température. Dès que la lumière d'admission s'ouvre de nouveau, le même jeu recommence. Une quantité de chaleur M est de nouveau prélevée sur la chaudière pour se répartir sur le poids total de la vapeur comprise entre la table du tiroir et le piston. Le poids de la vapeur aspirée est toujours p'. Le refoulement s'opère comme précédemment et un nouveau poids p' de vapeur est refoulé dans la boîte des tiroirs et fait avancer d'autant vers la chaudière la vapeur refoulée lors du premier coup de piston considéré.

Ainsi, le poids de vapeur qui absorbe la chaleur M due à la première admission, et la chaleur M due à la deuxième admission, n'est autre que :

$$P + p + 2p'.$$

Pour un troisième coup de piston, on verrait de même que la chaleur 3M se répartit sur un poids :

$$P + p + 3p',$$

et ainsi de suite ; pour n admissions, on aurait une chaleur nM, répartie sur un poids de vapeur :

$$P + p + np'.$$

Si l'on désigne par c la chaleur spécifique de la vapeur d'eau à volume constant, la température moyenne de la masse de vapeur $P + p + np'$ sera donnée par la formule

$$\frac{nM}{c(P + p + np')}.$$

Si p' est négligeable, on voit que la température s'élève indéfiniment.

Si p' est comparable à P, on voit que pour un très-petit nombre de coups de piston, deux ou trois cents par exemple, on peut admettre sans grande erreur que le rapport

$$\frac{nM}{c(P + p + np')} = \frac{M}{c\left(p' + \frac{P+p}{n}\right)}$$

diffère peu de :

$$\frac{M}{cp'}$$

c'est-à dire qu'on obtient l'élévation de température en calculant de combien de degrés s'élève la température du poids de vapeur aspirée p' pour une quantité de chaleur égale à M.

Pour nous mettre à l'abri de toute objection sur la convenance des hypothèses, sur la grandeur des espaces nuisibles et autres etc., choisissons comme exemple les données suivantes extraites du mémoire de M. l'inspecteur général Combes, publié dans les *Annales de la Société d'encouragement*, où la marche à contre-vapeur est examinée avec détail. Cet ouvrage est entre les mains de toutes les personnes qui s'intéressent au progrès de la théorie mécanique de la chaleur.

Au moment où la lumière d'admission va s'ouvrir, la vapeur aspirée est (*) :

$$p' = 0^{k},315\,AL,$$

(*) Voir pages 34 et 35 du numéro de janvier 1869 des *Annales de la Société d'encouragement.*

A étant la section du piston et L la longueur de la course.

La vapeur provenant de la réserve dans l'espace nuisible a pour poids :

$$p = 0^{k}.214\,\text{AL}, \qquad p + p' = 0.529\,\text{AL}.$$

La lumière d'admission étant ouverte, le poids de vapeur sortant de la chaudière est à peu près :

$$4^{k}.277 \times (0.458 + 0.05)\text{AL} - 0.529\,\text{AL},$$

soit

$$\text{P} = 1^{k},644\,\text{AL}.$$

Le poids est en réalité un peu moindre parce que la vapeur est surchauffée, dès qu'elle arrive dans le cylindre. Le volume occupé par cette vapeur dans la chaudière était égal à :

$$\frac{1.644}{4.277}\text{AL} = 0.384\text{AL},$$

Le travail dépensé par la vapeur qui reste dans la chaudière est égal à :

$$8 \times 10.333 \times 0,384\,\text{AL} = 31.743\,\text{AL} \text{ kilogrammètres } (^{*}).$$

C'est ce travail qui se retrouve sous forme de chaleur dans la vapeur qui est dans le cylindre. Le nombre de calories correspondant est de :

$$\text{M} = \frac{31743}{424}\,\text{AL} = 74\,\text{AL calories}.$$

En négligeant de petites différences entre les quantités de chaleur interne de la vapeur à diverses pressions, ces 74 AL calories se répartissent sur le poids de vapeur :

$$\text{P} + p + p' = (529 + 1.644)\,\text{AL} = 2^{k}.173\,\text{AL}$$

(*) C'est en réalité un nombre plus faible, parce qu'il faut tenir compte des mouvements de la vapeur dans la chaudière.

et produisent une élévation de température égale à :

$$\frac{M}{c(P+p+p')} = \frac{74\ AL}{0.343 \times 2.173\ AL} = 99°.$$

0.343 est la chaleur spécifique de la vapeur à volume constant.

On sait par l'expérience qu'une surélévation de température de 99 degrés, et même beaucoup plus, n'a aucun effet nuisible sur les pièces du mécanisme, lorsque ces pièces sont alternativement léchées par des courants très-rapides, chauds et froids.

Mais ici, ce n'est pas le cas. La vapeur qui va lécher les tiroirs aura une température constamment croissante.

En effet, au bout d'une deuxième admission, le travail transformé en chaleur sera :

$$2\,M = 2 \times 74 \times AL = 148\ AL.$$

Le poids de vapeur sur lequel est répartie cette chaleur sera :

$$P + p + 2p' = (2.173 + 0.315)\ AL = 2^{k}.488\ AL.$$

L'élévation de température correspondante sera :

$$\frac{2 \times 74}{0.343 \times 2.488} = 175°.$$

Ainsi, la vapeur qui a léché le tiroir en rentrant dans la boîte de distribution avait au premier coup de piston une surélévation de température de

$$99°;$$

au deuxième coup, le tiroir est léché par de la vapeur dont la température moyenne est surélevée de

$$175°,$$

et dans l'intervalle, aucun courant de vapeur saturée n'a refroidi la boîte de distribution.

En négligeant les pertes par les parois, on arriverait finalement à une surélévation de température égale à :

$$\frac{M}{0.343\,p'} = \frac{74}{0.343 \times 0.315} = \frac{74}{0.11} = 675°.$$

On voit, en suivant de près la marche du phénomène, qu'au fur et à mesure que la vapeur aspirée par les cylindres tend à remplir les boîtes des tiroirs, à s'élever dans les conduits de vapeur, puis dans la boîte du régulateur et finalement dans la chaudière, il s'établit un courant de vapeur dont la température est maxima près des orifices des cylindres et va en décroissant à mesure qu'on se rapproche de la chaudière. L'élévation de température que la théorie met en évidence rend impossible la marche à contre-vapeur avec injection de vapeur seule, le régulateur étant ouvert en grand, sur des pentes comparables à celles du Guadarrama et des Pyrénées où se faisaient les expériences.

La théorie que nous venons d'exposer trouve sa confirmation dans les expériences faites par M. Le Chatelier lui-même il y a quelques mois sur le chemin de fer du Nord.

Résumé. Arrêtons-nous un instant pour résumer ce qui précède.

Nous avons établi que les deux lettres du 19 septembre 1865 et du 21 février 1866 sont les seuls documents produits par M. Le Chatelier, pour compléter son programme du 28 juillet 1865, pendant la première phase des expériences.

Loin de se rapporter à un sujet entièrement neuf, ces deux lettres discutent les conclusions de deux rapports de M. Ricour décrivant d'une manière complète l'appareil en expérience *fig. c* et *d*, et la lettre finale du 21 février consacre l'application de cet appareil, qui n'est autre que l'appareil de Bergue simplifié.

Dans une première revendication de priorité, datée du 5 mai 1866, M. Le Chatelier, se basant sur l'idée émise dans la lettre du 19 septembre que la dépense de vapeur pourrait être assez grande pour exclure totalement l'air, déclare que M. Ricour, après avoir constaté par expérience que le mélange d'air et de vapeur ne donnait pas une solution pratique, aurait dû essayer spontanément la vapeur seule, puis fermer les orifices d'émission S′ et ouvrir enfin le régulateur.

Première revendication. Comment elle est motivée.

Nous avons puisé dans l'ouvrage même de M. Le Chatelier les expériences faites pendant le mois de novembre 1865 et de janvier 1866 dans cet ordre d'idées. Nous avons rappelé que, malgré l'exclusion totale de l'air, les garnitures étaient brûlées, les tiroirs s'échauffaient, dès que la fermeture graduelle de l'orifice d'émission S′ de la vapeur faisait monter la contre-pression au point de la rapprocher de la pression dans la chaudière.

M. Le Chatelier ignorait le 5 mai 1866 que les expériences que nous venons de rappeler avaient effectivement eu lieu.

Le raisonnement sur lequel était basée la première revendication de priorité a perdu ainsi toute sa valeur. Mais ce raisonnement même *impliquait le maintien par la lettre du 19 septembre de l'appareil qui répondait au programme du 28 juillet.*

Deuxième revendication. Comment elle est motivée.

En 1869, M. Le Chatelier produit une revendication nouvelle, basée sur l'interprétation suivante de la lettre du 19 septembre 1865 : cette lettre *prescrivait la suppression de l'appareil de Bergue simplifié.* Il fallait faire entrer *tout* (*) dans la chaudière, même l'air mélangé à la vapeur.

C'était un programme entièrement neuf (**).

Nous avons mis le lecteur en garde contre le danger des

(*) Voir page 156 de la brochure.
(**) Voir page 157 de la brochure.

citations isolées comme celles qui se trouvent à la page 12 du livre de M. Le Chatelier en caractères spéciaux. Nous aurions pu nous contenter de rétablir simplement les huit paragraphes omis et demander ensuite si l'interprétation de M. Le Chatelier n'était pas le résultat d'une illusion ou d'un défaut de mémoire.

Nous avons été au delà, et prenant l'argument en lui-même, sans tenir compte de son vice d'origine, nous avons démontré que la solution que M. Le Chatelier, d'après sa nouvelle revendication, croit avoir indiquée jusque dans ses détails de construction dès le 19 septembre 1865 (*), était radicalement impossible.

La théorie mécanique de la chaleur a suffi pour élucider ce nouveau point de vue, et les expériences récentes de M. Le Chatelier sur le chemin de fer du Nord ont fourni la preuve expérimentale de ces déductions théoriques.

Troisième forme sous laquelle M. Le Chatelier revendique la priorité.

Le lecteur est maintenant bien édifié sur les deux formes différentes sous lesquelles la revendication de M. Le Chatelier a été produite, en 1866 d'abord, en 1869 ensuite. Cette revendication a revêtu une troisième forme que nous devons examiner avec non moins d'attention.

Dans l'examen que nous venons de faire de la première phase des expériences, nous avons eu soin de noter que le 19 septembre et le 21 février, M. le Chatelier avait exprimé l'idée que peut-être, *au lieu de vapeur*, on pourrait injecter dans l'échappement un petit jet d'eau destiné à saturer l'air d'humidité, comme cela est exprimé très-clairement dans la lettre du 5 mars : or, dans le tube d'inversion, il existe également un jet d'eau. Ne serait-il pas possible de déduire le tube d'inversion tout entier de ce petit jet d'eau du 19 septembre?

La tentative est faite dans l'ouvrage de M. Le Chatelier, et c'est la troisième forme sous laquelle la priorité est re-

(*) Voir page 156 de la brochure.

vendiquée. Une expérience dirigée le 5 janvier 1869 par M. Le Chatelier en personne est présentée comme la réalisation d'une idée poursuivie sans interruption pendant plus de trois années.

Le lecteur sait déjà que M. Le Chatelier avoue que sa mémoire n'est pas toujours fidèle; cet aveu nous permet d'espérer que le simple exposé des idées successivement émises par M. Le Chatelier lui fera reconnaître que le filet d'eau du tube d'inversion était contraire à ses idées au moment où M. Ricour reconnaissait la nécessité de recourir à un mélange de vapeur et d'eau.

Sans doute, l'eau n'a pas changé de nature, elle est identique à elle-même, dans le tender et dans la chaudière, en 1865 et en 1869; mais les idées qui font penser éventuellement à l'emploi de l'eau le 19 septembre et le 21 février pour remplacer la vapeur dans l'appareil de M. Le Chatelier sont essentiellement différentes des idées qui commandent l'emploi de cette même eau le 27 février et le 26 mars dans le tube d'inversion.

C'est ce que nous voulons établir en ayant recours, comme nous l'avons fait jusqu'ici, aux développements fournis par M. Le Chatelier lui-même dans sa brochure.

Nous sommes conduit maintenant à poursuivre notre exposé, et nous arrivons à la deuxième phase d'expériences dont le point de départ est marqué par la suppression de l'appareil de M. Le Chatelier.

III. DEUXIÈME PHASE DES EXPÉRIENCES.

TUBE D'INVERSION.

Application de la théorie mécanique de la chaleur.

L'examen réfléchi du problème à résoudre avait fait reconnaître à M. Ricour que la théorie mécanique de la chaleur rendait parfaitement compte des faits observés. Une fois la cause du mal bien connue, la solution du problème ne devait pas se faire attendre.

Au lieu de poursuivre la recherche de palliatifs combattant péniblement l'un après l'autre les deux inconvénients de la marche à contre-vapeur, M. Ricour, guidé par un principe nouveau, la transformation du travail en chaleur, suit un ordre d'idées entièrement étranger au programme de M. Le Chatelier : loin de considérer, d'une part, la pression de la chaudière, et d'autre part, la chaleur développée dans les cylindres, comme des inconvénients, il y trouve une source d'économie de combustible, en même temps qu'il obtient un frein d'une énergie ignorée jusque-là.

Les moyens pratiques à mettre en œuvre n'ont pas exigé de longs tâtonnements : il fallait abandonner l'appareil de M. Le Chatelier (voir *fig. d*), ramener la vapeur à son point de départ, et lui faire recueillir, chemin faisant, sous forme de *chaleur utile*, le travail de compression qui avait produit jusqu'alors des *effets nuisibles*.

Conférence de Valladolid.

Le 27 février 1866, M. Ricour se trouvait à Valladolid et donnait les instructions nécessaires pour établir un premier appareil, qui n'était autre que le tube d'inversion injectant dans l'échappement un mélange de vapeur et d'eau.

« Il est juste de reconnaître, dit M. Le Chatelier à la « page 171 de son livre, que dans cette conférence de Val- « ladolid, c'est M. Ricour qui a posé la question de l'in- « jection de l'eau et que cette idée a été repoussée par ses « collaborateurs. »

Les collaborateurs de M. Ricour étaient des hommes pratiques, dont l'opinion avait à ses yeux une grande valeur; mais aucun d'entre eux n'était au courant des principes de la théorie mécanique de la chaleur. Au lieu d'injecter directement de l'eau dans le tube de prise de vapeur, il fut convenu qu'on établirait, au bas du dôme, une prise de vapeur suivant la paroi de manière à recueillir de la vapeur très-humide. Les collaborateurs de M. Ricour étaient convaincus que, par cette simple disposition, l'entraînement d'eau serait tellement considérable que les purgeurs devraient être fréquemment ouverts et que des coups d'eau pourraient se produire dans les cylindres. M. Ricour se réservait de vérifier par l'expérience si effectivement l'entraînement d'eau était aussi grand que ses collaborateurs le pensaient.

M. Le Chatelier n'assistait pas à cette conférence, dont il n'a connu les détails que plus tard, ainsi qu'il l'explique dans son livre à la page 171 ; mais les renseignements qui vont suivre prouveront jusqu'à l'évidence que si M. Le Chatelier avait assisté en personne à cette conférence, son opinion aurait été la même que celle des collaborateurs de M. Ricour.

Suppression de l'appareil de M. Le Chatelier.

En effet, c'est aussitôt après cette conférence que M. Ricour annonce le même jour, le 27 février, la nouvelle solution basée sur la théorie mécanique de la chaleur, mais sans mentionner la disposition spéciale adoptée pour favoriser l'entraînement d'eau.

Que le lecteur relise cette lettre du 27 février, il verra qu'au lieu de prélever sur la chaudière un volume moindre de vapeur, ou d'économiser celle-ci en y substituant un mince filet d'eau, M. Ricour annonce simplement qu'il augmente au contraire l'injection de vapeur, et qu'il fait rentrer une grande portion de cette vapeur dans la chaudière en supprimant complétement l'appareil de M. Le Chatelier.

En apprenant en termes aussi clairs que possible la suppression de son appareil, que répond M. Le Chatelier? Il rappelle sa correspondance antérieure, c'est-à-dire les deux lettres du 19 septembre et du 21 février, avec une parfaite netteté, puis il précise dans des mots substantiels, écrits de sa propre main, le point capital par lequel la nouvelle solution, qu'il trouve très-simple, diffère de sa propre combinaison, exactement comme si cette solution, qu'il cherche d'abord à bien comprendre, frappait son esprit pour la première fois (*). Dans les renseignements fournis le 8 mars 1866 par M. Ricour à la demande de M Le Chatelier, le principe de la nouvelle solution était développé, mais, circonstance heureuse pour la clarté du débat de priorité, il n'était pas question encore des dispositions arrêtées dans la conférence de Valladolid pour favoriser l'entraînement de l'eau.

Ce que devient *le filet d'eau très-propre* de M. Le Chatelier.

Chose singulière pour quiconque aura lu la brochure à laquelle nous répondons! Le 5 mars, M. Le Chatelier avait rappelé une dernière fois, comme pour l'abandonner, le filet d'eau qui devait *saturer l'air d'humidité* dans son appareil (voir *fig. d*); le 12 mars, M. Le Chatelier ne parle plus de ce filet d'eau, et le 14 mars, deux jours plus tard, en se déclarant complétement renseigné sur la question qu'il n'avait pas encore complétement comprise, il émet en propres termes l'opinion que le courant de vapeur suffira pour éviter à la fois *l'échauffement du cylindre* et *l'augmentation croissante de pression* dans la chaudière. — Ce n'est pas un oubli : l'omission du filet d'eau se trouve motivée. — Le courant de vapeur suffira pour éviter *l'échauffement des cylindres.*

Ainsi, tandis que M. Ricour recherchait les dispositions les plus simples pour régler l'entraînement d'eau dont la théorie mécanique de la chaleur lui avait fait reconnaître la nécessité, M. Le Chatelier ne voyait plus l'utilité de l'intervention de l'eau, depuis la suppression de son appareil.

Est-il possible de constater un fait d'une manière plus

(*) Voir les termes dans lesquels M. Le Chatelier s'exprime à ce sujet dans la lettre du 5 mars : « on forme un courant complet entre le cylindre et la chaudière, *le régulateur étant ouvert au lieu d'être fermé comme dans ma combinaison primitive.....* » Si c'est en effet là la solution, je la trouve très-simple; mais avant que l'on fasse quelque chose sur *une grande échelle*, je serais heureux de recevoir de M. Ricour un mot d'explication précise qui confirme ce que je décris plus haut, si j'ai bien compris, ou qui me donne des explications détaillées de ce que M. Ricour veut faire, si je me suis mépris sur son intention, etc. »

nette? C'est à l'aide de la publication même de M. Le Chatelier que nous le mettons en évidence.

Mais ce n'est pas tout : l'abandon du filet d'eau dans l'ordre d'idées où était alors M. Le Chatelier s'explique fort naturellement. — Il avait, en effet, conseillé l'injection d'eau, que cette eau fût prise *dans le tender* ou *dans la chaudière* pour saturer l'air d'humidité et pour remplacer la vapeur.—Cela n'est pas une hypothèse, cela est exprimé d'une manière nette, précise, catégorique, d'abord le 19 septembre 1865, ensuite le 21 février, et finalement le 3 mars 1866.

Eh bien! le 12 et le 14 mars, M. Le Chatelier, après les explications qui lui sont données, se rend bien compte du circuit complet de la vapeur à travers les cylindres; il voit que la vapeur ne se perd plus dans l'atmosphère, grâce à la suppression de son appareil; il n'y a plus de motif dès lors pour économiser la vapeur, et *le petit jet d'eau* perd sa raison d'être.

Ne l'oublions pas toutefois en poursuivant cet exposé, car un *nouveau jet d'eau* va bientôt reparaître, amené par l'ordre d'idées que M. Ricour avait développé devant ses collaborateurs dans la conférence du 27 février à Valladolid.

Une courte digression est ici opportune.

Description du tube d'inversion. 26 mars 1866.

C'est le 26 mars 1866 que M. Ricour a posé les données pratiques du problème, définissant les quantités de vapeur et d'eau à injecter, donnant une description complète du *tube d'inversion*, indiquant les précautions à prendre pour la manœuvre des deux robinets, de manière à éviter les pertes de vapeur par la cheminée et à injecter 10 à 15 grammes d'eau par cylindrée, ou ce qui revient au même, 10 à 15 litres d'eau par kilomètre.

Aucune modification essentielle n'a été apportée au système depuis cette époque.

Ce sont les données mêmes de cette expérience qui ont été communiquées par M. Le Chatelier aux ingénieurs des compagnies françaises, et qui ont servi de point de départ à leurs premiers essais. — La complète identité entre les moyens mis en œuvre d'abord en Espagne, et plus tard en France, au chemin de Lyon notamment, est assurément fort naturelle et n'étonnera personne.

Pour mettre cette affirmation hors de doute, il suffit de rechercher les dates auxquelles ces derniers essais ont pris origine.

Sur le chemin d'Orléans, les premiers essais de M. Forquenot sont du mois de juillet 1866, et d'un autre côté, M. Marié déclare positivement qu'il n'a fait que répéter sur le chemin de Lyon les essais du nord de l'Espagne; les renseignements lui avaient été fournis par M. Le Chatelier, auquel il a attribué la découverte du *tube d'inversion* en donnant au système le même nom que M. Forquenot avait déjà proposé.

Historique du filet d'eau de M. Le Chatelier.

Ce point éclairci, cherchons maintenant à retrouver le moment précis où M. Le Chatelier, après avoir abandonné *le filet d'eau* qui *devait saturer l'air* d'humidité dans son appareil, comme nous l'avons vu tout à l'heure, fait un premier retour en arrière et rattache ce *filet d'eau* à celui du tube d'inversion pour en faire jaillir au bout de trois ans une théorie toute nouvelle, et même un peu étrange, comme nous ne tarderons pas à le démontrer.

Nous savons déjà que ce n'est pas le 12 mars (*); ce n'est pas non plus le 13 mars; M. Le Chatelier le constate lui-même en ces termes :

« Le lendemain (13 mars) j'écris à Vienne, au directeur « de la Société autrichienne, pour l'engager à faire faire « des expériences, en lui disant que *le point de départ* « a été l'essai *d'un frein à air comprimé*, et que c'est « M. Ricour qui a eu l'heureuse idée de faire rentrer la va-

(*) La lettre du 12 mars de M. Le Chatelier renferme des passages très-intéressants : la photographie de cette lettre est jointe à un certain nombre d'exemplaires.

« peur dans la chaudière au lieu de la perdre dans l'at-
« mosphère. »

Ce n'est pas le 14 mars, car cette lettre motive en bons termes l'abandon du filet d'eau très-propre du 19 septembre.

Ce n'est pas même le 28 mars 1866, car M. Le Chatelier ajoute à la suite du passage que nous venons de reproduire : « J'écris dans le même sens à M. Flachat, le 28 mars, « en le priant de faire une communication à la Société des « ingénieurs civils. »

M. Le Chatelier apprend l'emploi de l'eau dans le tube d'inversion.

Nous touchons au moment où la lettre de M. Ricour écrite à Madrid le 26 mars arrive à Paris. Elle annonce que la solution nouvelle exige non-seulement de la vapeur très-humide, mais l'addition directe de 10 à 15 grammes d'eau par cylindrée pour transformer le travail de compression en chaleur latente.

Nouvelle direction des idées de M. Le Chatelier

C'est alors que le souvenir du filet d'eau abandonné se réveille ; il y a de *l'eau* avant et après la solution définitive ; les idées de M. Le Chatelier prennent aussitôt une nouvelle direction.

Citons textuellement la brochure :

« Quelques jours après, le 31 mars (*), je reçois de « M. des Orgeries une lettre qui m'étonne *et qui me fait faire* « *un premier retour en arrière dans mes souvenirs.* M. des « Orgeries demandait que pour récompenser M. Ricour du « service nouveau et important que *son idée, son système* est « appelé à rendre, on l'autorise à prendre des brevets. »

Que s'était-il donc passé entre le 28 et le 31 mars?

« Le lendemain 1er avril 1866, je réponds à M. des Or- « geries : Je ne crois pas que le résultat final puisse se « séparer du *point de départ et des intermédiaires.* Sans « chercher à mesurer la part de chacun, il me semble que

(*) La lettre du 26 mars de M. Ricour avait dû arriver à Paris la veille, 30 mars, au plus tard.

« la sienne (la part de M. Ricour) n'a pas plus d'importance « que la mienne... S'il y avait un brevet à prendre, il « devrait être pris en notre nom collectif. »

C'est la première fois que M. Le Châtelier contredit son premier jugement : il réclame pour lui la moitié du procédé nouveau de marche à contre-vapeur.

Opinion de Le Chatelier antérieurement au 31 mars 1866.

Arrêtons-nous un moment pour bien établir qu'antérieurement au 31 mars (1866) M. Le Châtelier, par toute sa correspondance en Autriche, en France, aussi bien qu'en Espagne, déclarait que le point de départ des essais était l'appareil simplifié de M. de Bergue et que la solution basée sur la théorie mécanique de la chaleur était due à M. Ricour. Celui-ci était donc, de l'aveu de tout le monde, l'inventeur du tube d'inversion, et c'était à M. Le Chatelier qu'était due l'initiative des expériences. Nulle contradiction n'apparaissait entre les faits et la correspondance : tout se liait naturellement et sans effort. Les lettres du 19 septembre et du 21 février n'avaient pas encore été séparées par leur auteur de l'appareil de Bergue simplifié, ni rattachées au tube d'inversion découvert postérieurement à cette dernière date.

Mais poursuivons nos recherches tendant à découvrir enfin sous quelle forme et dans quelles circonstances le filet d'eau mentionné le 19 septembre et le 21 février a revu le jour et a été présenté comme issu des mêmes idées que le mélange de vapeur et d'eau dont M. Ricour avait entretenu ses collaborateurs à Valladolid le 27 février.

Calculs théoriques de M. Ricour sur les mélanges de vapeur et d'eau. 1er mai.

Le mémoire de M. Ricour du 24 avril 1866 est remis à M. Le Chatelier le 1er mai. Ce mémoire contient des calculs théoriques qui ont fixé l'attention. Ces calculs établissent les poids d'eau absolument indispensables pour transformer le travail de compression en chaleur latente. Doublez ces poids : qu'arrive-t-il ? Triplez ces poids, augmentez-les encore : une partie de l'eau se changeant en vapeur à la sortie de la chaudière, peut-être arriverez-vous dans des circonstances données à exclure l'air des cylindres, par *un jet abondant d'eau chaude?* Peut-être?

Rapprochement explicite fait par M. Le Chatelier. 5 mai.

Cette idée est en germe et va grandir plus tard.

Le 5 mai 1866, en effet, M. Le Chatelier établit, pour la première fois, d'une manière explicite, un rapprochement entre son *petit jet d'eau très-propre* du 19 septembre, et le mélange de vapeur et d'eau du tube d'inversion (*).

C'est à partir de ce jour que ce rapprochement tend à se transformer en une confusion complète.

M. Le Chatelier arrive finalement à rendre compte d'une expérience faite le 5 janvier 1869 avec injection d'eau seule, comme s'il était resté pendant trois ans sous l'empire de cette pensée persistante (**).

Poursuivons notre contrôle et consultons les faits.

Nous avons vu à quel moment précis la confusion commence à s'établir, dans l'esprit de M. Le Chatelier; il faudra un temps assez long pour que cette confusion soit complète et que le jet d'eau du tube d'inversion confondu avec le *petit jet d'eau très-propre* du 19 septembre, prenne l'importance exagérée qui lui est donnée le 5 janvier 1869.

M. Ricour veut assurer une abondante injection d'eau.

Voici un premier point de repère. Le 28 août, le 25 octobre et le 6 novembre 1866, M. Ricour insistait auprès de ses collaborateurs sur la nécessité d'assurer une abondante injection d'eau. C'est encore dans la brochure de M. Le Chatelier que nous puisons ces renseignements: nous allons les compléter.

Manœuvre des deux robinets du tube d'inversion.

Le 15 février 1867, M. Le Chatelier critiquait une disposition, adoptée par M. Ricour dans le but de simplifier le mouvement des deux robinets du tube d'inversion.

(*) Voir page 184, lignes 4 à 12 de la brochure.

(**) Voir page 175 de la brochure: « C'est sous l'empire de cette pensée persistante que j'ai fait, le 5 janvier dernier, la première expérience pour l'injection de l'eau seule, et c'est aux communications que j'ai été ainsi conduit à faire à la direction du Nord de l'Espagne, que sera due la régularisation de l'emploi de la contre-vapeur sur ce chemin de fer lui-même. »

Ces deux robinets étaient reliés par une petite bielle qui donnait une certaine avance à l'ouverture du robinet d'eau.

Voici ce qu'écrivait M. Le Chatelier le 13 février 1867 :

Opinion de M. Le Chatelier sur l'injection d'eau. 13 février 1867.

« Je crois que M. Ricour a conjugué le robinet d'eau et « celui de vapeur : à ce point de vue, il est peut-être né- « cessaire de revenir sur cette disposition en laissant au « mécanicien *la facilité de jeter dans le tuyau d'échappement* « *un excédant de vapeur sans pour cela noyer les cylindres.* »

M. Le Chatelier se figurait que la pression de la chaudière montait rapidement, il voulait écouler, par le tube d'inversion, un excès de vapeur, et il craignait de noyer les cylindres.

Rapport officiel de M. Ricour sur le même sujet. 19 février 1867.

Voici la réponse de M. Ricour, extraite d'un rapport officiel en date du 19 févier 1867 :

« Je pense que cette crainte n'est pas fondée; la raison « est la suivante: nos robinets d'admission d'eau qui don- « nent le plus grand débit sont ceux des machines à 8 roues. « *Ce débit est de 22 litres environ par minute.* Le volume « d'eau dont la vaporisation empêche l'élévation de tem- « pérature dans les cylindres ne dépasse pas 5 à 6 litres: « il reste donc un excédant d'environ 16 litres d'eau par « minute. Cet excédant d'eau ne produit aucun effet nui- « sible, et se trouve entraîné dans la chaudière pendant la « période de refoulement.

« On pourrait, je pense, augmenter encore l'admission « d'eau sans inconvénient.

« Le principal avantage que j'ai trouvé à conjuguer les « robinets, c'est de rendre la manœuvre plus simple, *et* « *d'obliger le mécanicien à injecter un excès d'eau.* »

Ainsi les rôles sont précisément inverses de ceux que la brochure assigne à M. Le Chatelier et à M. Ricour. C'est M. Le Chatelier qui craint *de noyer les cylindres*, c'est M. Ricour qui veut *obliger le mécanicien à injecter un excès d'eau.*

Il nous est bien permis de faire ressortir cette nouvelle

contradiction entre les faits réels et les opinions émises par M. Le Chatelier sur nos expériences d'un bout à l'autre de sa brochure. Cela prouve à quelles erreurs on s'expose en voulant juger, avec une idée préconçue, des expériences qu'on n'a pas suivies, et sur lesquelles on ne possède que des renseignements erronés ou incomplets.

Nous faisons cette réflexion en passant, mais pour le moment nous avons voulu simplement établir, qu'après avoir rattaché son *filet d'eau très-propre* au jet d'eau du tube d'inversion, M. Le Chatelier n'a pas eu à une date aussi reculée qu'il croit, la pensée de diminuer l'injection de la vapeur et d'augmenter celle de l'eau. — Le 13 février 1867, il fallait laisser *au mécanicien la facilité de jeter dans le tuyau d'échappement un excédant de vapeur, sans pour cela noyer les cylindres.*

21 août 1868. Appareils de M. Ricour conservés sans modification.

Le 21 août 1868, plus d'un an après notre rentrée au service de l'État, un décret royal, basé sur un avis entièrement favorable du conseil général des ponts et chaussées de Madrid, recommandait à toutes les compagnies de chemin de fer en Espagne, le système combiné du tube d'inversion avec les freins automoteurs; aucune modification n'avait encore été apportée aux appareils installés par M. Ricour. Ils étaient restés tels qu'ils sont décrits dans la notice publiée dans les *Annales des ponts et chaussées* (mars 1869)

28 octobre et 5 novembre 1868. Rapports adressés de Madrid à M. Le Chatelier. Machines à huit roues.

Ce n'est que longtemps après notre rentrée en France, vers le 28 octobre et le 5 novembre 1868, d'après la brochure de M. Le Chatelier, que son attention s'est portée sur les appareils installés par M. Ricour, à la suite de deux rapports venus de Madrid et signalant les mauvais résultats obtenus avec les plaques de bronze rapportées sur les tables de distribution dans les machines à huit roues.

Or nous avons vu que dans les machines à huit roues le robinet d'eau pouvait écouler 22 *litres par minute*, tandis que M. Le Chatelier, même aujourd'hui, estime, d'après sa nouvelle théorie, qu'un débit de 15 litres est plus que suffisant. Il était bien facile à M. Le Chatelier, en sa qualité d'ingénieur en chef de la compagnie, de faire connaître sa nouvelle solution, puisqu'il suffisait de laisser le robinet de vapeur fermé et de laisser l'eau couler seule. C'est exactement ce qui s'est passé à Étampes le 5 janvier 1869. Il ne paraît pas cependant que l'injection d'eau seule ait été expérimentée au nord de l'Espagne avant le 31 janvier 1869. Ainsi, loin de remonter à trois années et d'avoir le caractère d'une idée persistante, l'augmentation du jet d'eau du tube d'inversion a d'abord été critiquée par M. Le Chatelier en 1867 lorsqu'elle était déjà réalisée, et il ne paraît pas qu'elle ait été conseillée avant 1869.

Nous voici arrivés au terme de l'examen de la troisième forme sous laquelle M. Le Chatelier a présenté sa revendication de priorité. Nous avons relevé quelques faits intéressants et nous espérons que M. Le Chatelier, mieux renseigné sur ses opinions antérieures, reconnaîtra l'erreur dans laquelle il est tombé en rattachant l'expérience du 5 janvier 1869 au petit jet d'eau très-propre du 19 septembre 1865 qu'il avait d'abord abandonné en apprenant la suppression de son appareil, et qui n'avait rien de commun avec le mélange de vapeur et d'eau du tube d'inversion.

5 janvier 1869. Expérience d'Etampes.

Cette expérience du 5 janvier 1869 a-t-elle d'ailleurs révélé quelque principe nouveau? Nous ne le pensons pas. Notre système est basé sur ce principe qu'il est possible d'emmagasiner dans la chaudière, sous forme de chaleur, le travail de la pesanteur ou la puissance vive du train. Le moyen mis en œuvre est le tube d'inversion avec l'injection d'un mélange convenable de vapeur et d'eau. — Que vous injectiez dans l'échappement plus d'eau qu'il n'en faut, que vous transformiez une partie de cette eau en vapeur dans la tuyère de l'échappement, en brûlant au besoin quelques kilogrammes de charbon de plus par kilomètre ou que vous preniez la vapeur dans la chaudière où elle est toute formée, qu'importe? Cela ne change rien, absolument rien au principe, et là n'est point une question de priorité pour le système.

Vous ramenez toujours dans la chaudière dont le régulateur reste ouvert, l'eau et la vapeur qui en sont sorties, et cette eau et cette vapeur recueillent toujours, chemin faisant, la chaleur équivalente au travail résistant.

Enfin M. Le Chatelier s'est-il bien rendu compte des résultats constatés dans son expérience d'Étampes?

La question mérite examen :

Théorie de M. Le Chatelier.

Voici les points essentiels sur lesquels repose la nouvelle théorie de M. Le Chatelier, développée à l'occasion de son expérience du 5 janvier 1869.

Après avoir calculé le poids d'eau nécessaire pour transformer le travail de refoulement en chaleur latente, il reconnaît la nécessité d'injecter avec l'eau un volume de vapeur qu'il calcule également; mais au lieu de prendre la vapeur toute formée dans la chaudière, il prélève sur celle-ci un poids d'eau équivalent, sauf à trouver ailleurs la chaleur nécessaire pour vaporiser le jet d'eau. Mais cette chaleur enfin, où se trouve-t-elle?

Ce sont les parois des cylindres qui doivent alternativement vaporiser plus de 500 kilogrammes d'eau et condenser plus de 600 kilogrammes de vapeur par heure et mètre quarré de surface. On ne voit pas pourquoi cette puissance de vaporisation ne s'exercerait pas dans la marche directe avec la même énergie que dans la marche à contre-vapeur. Mais voici la conséquence.

Pour une admission de 10 à 15 pour 100 dans la marche directe, la vapeur, alors même qu'elle entraînerait 60 et 80 pour 100 de son poids d'eau de la chaudière, devrait être surchauffée en sortant des cylindres pour s'échapper dans la cheminée.

Une telle conséquence est contredite par la pratique de tous les jours, et nous pensons que l'expérience d'Étampes, qui a duré tout au plus quinze minutes et qui a été faite sur une faible pente avec une grande dépense de charbon, n'a pas reçu dans l'ouvrage de M. Le Chatelier sa véritable interprétation.

C'est dans le mémoire du 24 avril 1866, si singulièrement critiqué, que M. Le Chatelier pourra trouver une explication beaucoup plus rationnelle de son expérience.

Résumé.

En résumé, nous avons suivi pas à pas les revendications de M. Le Chatelier et nous avons vu s'évanouir les unes après les autres les interprétations ou les erreurs qui leur servaient de base en présentant simplement sous leur véritable jour et à leur véritable place les faits rapportés dans la brochure même à laquelle nous répondons. Il nous serait, du reste, impossible de résumer la question de priorité en termes plus clairs et plus catégoriques que ceux employés par M. Le Chatelier dans ses lettres du 3 mars et du 12 mars 1866 dont les photographies sont jointes à un certain nombre d'exemplaires.

Il ne nous reste qu'un mot à ajouter :

Nous avons rappelé dans l'introduction la décision de la commission des *Annales* provoquée par les réclamations de M. Le Chatelier. Cette décision nous donnait toute quiétude ; la publication sans aucune polémique de la correspondance si courte, si précise de M. Le Chatelier ne nous semblait laisser place à aucun doute pour un lecteur bien informé que cette correspondance avait été produite *de part et d'autre* sous le contrôle de la commission des *Annales* et que les deux lettres du 19 septembre 1865 et du 21 février 1866 sont les seules pièces par lesquelles M. Le Chatelier a complété son programme du 28 juillet 1865. Les autres lettres se rapportent à la deuxième phase des expériences et ne renferment en quelque sorte que la constatation par M. Le Chatelier lui-même de nos droits de priorité.

Après avoir lu cette brochure dont la publication nous a surpris, nous pensions encore que malgré la polémique dont elle est remplie, le silence était la meilleure réponse ;

nous n'aimons pas la polémique, et nous avons la conviction que tôt ou tard l'opinion publique rend justice à qui de droit. La correspondance de M. Le Chatelier est intégralement insérée dans nos *Annales*, nous ne désirions rien de plus.

Nous avons cédé aux conseils de personnes amies que nous remercions de l'intérêt qu'elles nous ont témoigné : nous nous sommes mis à l'œuvre, et nous avons cherché à dissiper la première impression produite sur quelques esprits par la lecture de la douzième page du livre de M. Le Chatelier, livre auquel le nom de l'auteur a donné une grande notoriété.

IV. — CORRESPONDANCE RELATIVE A L'ORIGINE DU TUBE D'INVERSION.

APPENDICE.

Paris. — Imprimerie de Cusset et Cᵉ, rue Racine, 26.

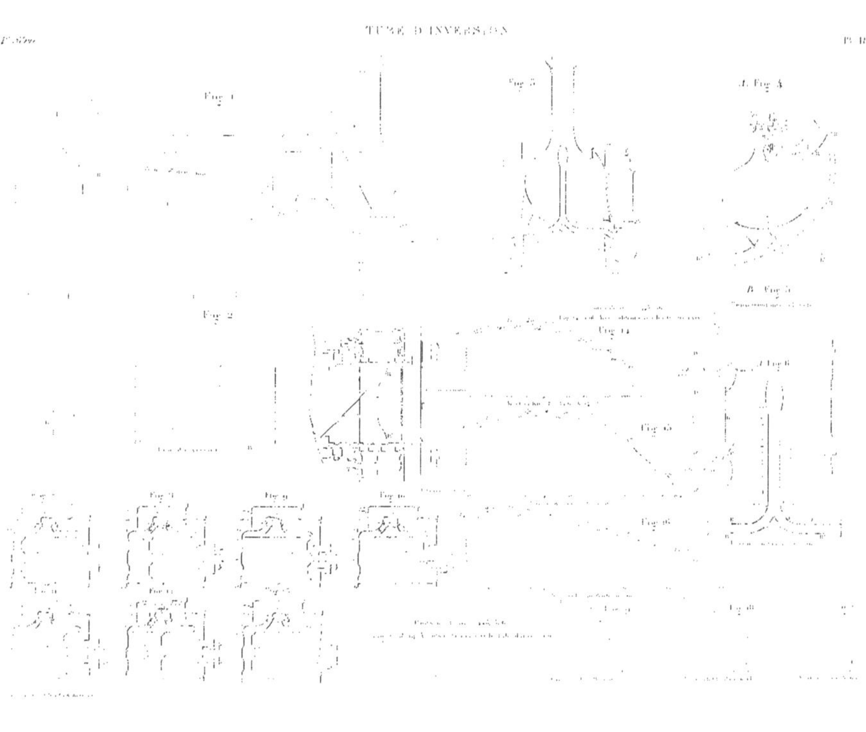

OUVRAGES DE **M. ÉD. COLLIGNON**,

Professeur-Adjoint de Mécanique à l'École des ponts et chaussées.

Cours d'Hydraulique, professé à l'École des ponts et chaussées (pour paraître prochainement).

Les Chemins de fer Russes de 1857 à 1862, 2me édition, texte in-4° cavalier, avec Atlas de 51 grandes planches. 45 fr.

Théorie élémentaire des poutres droites, ponts métalliques, ponts américains, combles, in-8° et Atlas. 9 fr.

Études sur les Chemins de fer de l'Autriche, in-8°. 3 fr.

Études sur l'Agriculture anglaise — ***Le comté de Lincoln***, in-8°, 3 planches. 3 fr.

ON TROUVE A LA MÊME LIBRAIRIE.

ADMINISTRATION. — AUCOC (Léon), maître des requêtes, commissaire du gouvernement près le Conseil d'État au contentieux. — **Conférences sur l'administration et le droit administratif** faites à l'École impériale des ponts et chaussées.

AGRICULTURE. — NADAULT DE BUFFON, ingénieur en chef, professeur à l'École des ponts et chaussées, membre de la Société d'agriculture, ancien chef de division au ministère des travaux publics. — **Cours d'agriculture et d'hydraulique agricole**. 4 beaux volumes in-8°, avec un grand nombre de figures dans le texte et 18 belles planches. 39 fr.

MANGON (Hervé), ingénieur en chef des ponts et chaussées, professeur à l'École des ponts et chaussées. — **Instructions pratiques sur le drainage**, réunies par ordre du Ministre de l'agriculture, du commerce et des travaux publics. 3e édition, conforme à l'édition de l'Imprimerie impériale et augmentée de notes étendues. 1 volume in-18 relié, avec 116 figures sur bois intercalées dans le texte. 2 fr. 50

— **Emploi des eaux dans les Irrigations**. 2e édition, suivie d'un complément sur les limons, grand in-8° avec planches. 6 fr.

ANALYSE. — **CALCUL DIFFÉRENTIEL**. — NAVIER, de l'Institut, inspecteur divisionnaire des ponts et chaussées. — **Leçons d'analyse**, professées à l'École polytechnique. 2e édition, revue et augmentée par M. LIOUVILLE, membre de l'Institut, etc. 2 parties in-8° avec planches. 10 fr.

ARCHITECTURE. — REYNAUD, inspecteur général des ponts et chaussées, directeur du service des phares, professeur d'architecture à l'École polytechnique et à l'École des ponts et chaussées. — **Traité d'Architecture**. *Première partie*. **Art de bâtir**, études sur les matériaux de construction et les éléments des édifices. — *Deuxième partie*, **Composition des édifices**, étude sur l'esthétique, l'histoire et les conditions actuelles des édifices. — Nouvelle édition, revue et augmentée, 2 volumes grand in-4°, avec 2 Atlas in-folio de 86 planches. 145 fr.

ON VEND SÉPARÉMENT :

Première partie, grand in-4° avec atlas. . . . . 70 fr.
Deuxième partie, grand in-4° avec atlas. . . . . 75 fr.

GÉOMÉTRIE DESCRIPTIVE. — OLIVIER (Th.), docteur ès sciences, professeur de géométrie descriptive au Conservatoire des arts et métiers, répétiteur à l'École polytechnique, professeur-fondateur de l'École centrale des arts et manufactures, etc. — **Cours de géométrie descriptive**. 2e édition, revue et augmentée, deux parties in-4°, avec un Atlas de 97 planches. 22 fr.

NAVIGATION INTÉRIEURE. — DE LAGRENÉ, ingénieur des ponts et chaussées. — **Cours de navigation des fleuves et rivières**. Tome 1er, grand in-4° et Atlas. 12 fr. 50

PONTS EN MAÇONNERIE. — DUPUIT (J.), inspecteur général des ponts et chaussées, directeur du service municipal de la ville de Paris. — **Traité des ponts en pierre** Grand in-4° et Atlas (*sous presse*). Cette édition a été achevée par MM. Mahyer et Vaudrey, ingénieurs en chef des ponts et chaussées.

PONTS BIAIS. — GRAEFF, ingénieur général des ponts et chaussées. — **Appareil et construction des ponts biais**. 2e édition, in-4° avec Atlas. 12 fr. 50

PONTS MÉTALLIQUES. — REGNAULD (Paul), ingénieur des ponts et chaussées. — **Ponts et viaducs métalliques**. Grand in-8°, avec Atlas, reliés. 25 fr.

Réparation des Ponts par les armées en campagne, par M. ROSSEL, officier du génie, in-8° et 6 planches. 9 fr.

Résistance des Fers à T, par M. RICHE, ancien élève de l'École polytechnique, grand in-8°. 6 fr.

Paris. — Imprimerie de CUSSET et Ce, rue Racine, 26.

www.ingramcontent.com/pod-product-compliance
Ingram Content Group UK Ltd.
Pitfield, Milton Keynes, MK11 3LW, UK
UKHW020331180726
13839UKWH00002B/656

9 782329 608419